什么时候能宠孩子，什么时候不能宠

越是忙碌，就越应该好好爱孩子

[日]东千裕 著 杨林蔚 译

中国出版集团
现代出版社

前言

是不是孩子经常让你做这做那？经常问你要这要那？

在这种时候该不该顺着他的意思来？如果你正为此烦恼不已的话，那就需要看看这本书。

事实上，并不存在所谓“坏的撒娇”。

如果感觉到“这样撒娇不好”，那并不是孩子的错，而是站在妈妈的角度才会这么想。妈妈的处理方式不同，才会导致后果有好有坏。本书中最想表达就是这个理念。

孩子是在家长时间与金钱的双付出下慢慢长大的。

有很多妈妈把每天中绝大部分的时间都花在了育儿上面，想买的东西不舍得买，想做的事情没空做，一心全扑在孩子身上。

但是即便花费了巨大的精力，还是有束手无策的时候——这就是育儿的常态。光从表面上看，世间还真没有比育儿更不划算的“工作”。而且，还不存在所有人都通用的育儿良策，又不能从头再生一次。

虽然育儿没有标准答案，但都是以孩子可以自立为最终目标努力:“既然身为母亲，就必须奋斗！”

话是这样说，在教育孩子的过程中，早晚会有这样的感受——像在大海中迷失方向的小船一样，不知道身在何处。原本觉得对他好才这样做，没想到却事与愿违。你是不是也曾有过这样的时候？

我现在主要通过电话处理母亲们的育儿咨询。在此之前，我曾在小学和幼儿园里执教。

当时的工作就是为年级里近40个孩子提供心理帮助，让他们振作精神。不管是多么麻烦的孩子，只要教育方法得当，很快就有所转变。所以我确信，没有改变不了的孩子。

但是，自打我自己有了孩子以后，这个观念瞬间就被摧毁了——每天都被两个孩子耍得团团转。

当时我真是寸步难行，每天都累得筋疲力尽。孩子管教不好，对自己是越来越没信心，看哪个妈妈都比自己强。因此越来越自卑，总把怨气撒到老公和孩子的身上。

在那个时候，我就已经有意识地从“没有标准答案”的育儿过程中，寻找一些“可以依赖”的东西。

虽说“孩子就该好好爱护”，但是一味宠着孩子，恐怕他永远也变不成雄鹰。

有人提倡“亲肤育儿法”，但用到几岁，做到什么程度呢？

有人建议“要倾听孩子的声音”，当孩子口出牢骚、抱怨甚至谩骂的时候，又该怎么办？

我想了解更多他们语焉不详的内容。对于每天都需要在育儿上花费大量精力的妈妈们来说，一句“照着做就得了”，实在是让人觉得有点靠不住。

之后我就辞了职，一边育儿，一边学习心理学和教育学的知识。只要对育儿有帮助的东西我都想知道。这本书中就是学习心得的汇总。

书里不做空谈，希望大家看过后能觉得“从今天起就这么做”，“忙碌的我也能办得到”。

我想把在电话中同各位妈妈交流出来的成果，在书中毫无保留地呈献给大家。在看书的同时能觉得这是“宠爱孩子的正确方法”，那就是我的荣幸。

如果妈妈们能够自如地运用这个育儿法，那么面对撒娇的孩子，也会进退有方，不容易生气，而且还能把他们培养得更加有干劲和自信，兼备温柔的品格和强势的力量。是不是很厉害呀？有这样的孩子，家长也会很开心。那么，下面就让我来讲讲这个育儿法中的“秘密”吧！

东千裕

目 录

第二章　一问一答 & 一看就懂! // 29

第一章

该如何宠爱孩子

什么叫宠爱孩子

“宠爱孩子”指的就是，当孩子想和亲人互相接触、想要依赖他们的时候，亲人接纳并回应他。这样可以抚慰孩子的心灵，对他的成长来说非常重要。主要有以下几种具体行为：

· 怀抱或者背负

· 让他坐在膝头

· 摸头

· 拍肩

· 手拉手

总而言之，就是跟孩子有身体接触。可能有的妈妈会觉得“都这么大了怎么还抱”，“在幼儿园小朋友面前跟孩子黏黏糊糊挺不好意思的”。其实，只要孩子本人希望你做这些动作，那依着他就是，跟年龄大小没有关系。

下面的这些行为也叫“宠爱”。

当孩子有话跟你说的时候，你看着他的眼睛，没有打断他，耐心听到最后。孩子每天都会说很多话，比如：“……真有意思啊！”“……好厉害！”在这种情况下，妈妈要把“这孩子为什么要说这么多话”、“背后到底在想些什么呢”诸如此类的**念头压在心里，耐心地听他倾诉**。其实只要妈妈的倾听方式发生变化，孩子很快就能有“妈妈真的很爱我”的感觉。

· 孩子自己会做的事情却由妈妈来做

这样的行为也叫“宠爱”。

本来自己能办得到的事情，偏要向妈妈撒娇:“妈妈，你来嘛——”这就是想被宠爱的表现。虽然知道妈妈可能会生气，可能不会马上去做，但还是想要表达这样的情绪。在这种时候，妈妈们嘴里说着“来啦，来啦”、“妈妈喜欢你，妈妈做”，**赶快去帮他做好就 OK**。

宠爱孩子这种事，因年龄而异。0 岁的小孩还什么也做不了，吃穿都得由妈妈照顾。如果到了 3 岁，还是妈妈给他穿衣服的话，那就是“宠爱”了。因为他自己完全可以办得到。

宠爱能培养孩子的自信

那些得到亲人充分宠爱的孩子，亲人对他的爱意表达得越是直接，长大后越容易成长为有自信、有干劲、既温柔又可靠的人。

对孩子说“你是我的宝贝”，他听到后心里就会很踏实。与此相反，如果一边为他做着什么一边嘴里还絮絮叨叨、抱怨不停的话，孩子就会觉得自己撒娇的目的没有达到，以后还会提出更多的要求。

其实，不管是孩子还是大人，都有不了解自己的时候。

看别人清清楚楚，一到自己就犯迷糊。可能是因为人无法观察到自己吧，所以最不了解的人就是自己。

所以，自己到底是谁，在哪里，有什么感受——**这些判断的基准，就来源于信赖者口中的描述。**

对于幼小的孩童而言，值得信赖的人就是爸爸和妈妈。如果从这两人的口中听到“最喜欢你了”这样的话语，并享受着他们温柔的拥抱，孩子心中自然而然地就会产生“我是一个值得去爱的人”这样的自信。

一想到父母总在背后认可自己、支持自己，孩子的内心就会变得无比强大。就算在幼儿园或者学校发生了什么不顺心的事，内心所受的伤害也会大大减轻。当孩子认为最最重要的爸爸和妈妈认可自己的时候，就像吃了定心丸一样，不容易产生不安和迷惘等坏情绪。

这样日积月累，就培养出了孩子的**自我肯定感**（认为“自己很重要”的心态）。

之前我在幼儿园和小学工作的时候，总会遇上一些头疼事——有时会接待那些受同学欺负的孩子。在此期间我发现，那些充满自信的孩子就很少卷入此类纠纷中去，而且他们很清楚“一码归一码”，内心保有很好的距离感。当遇到不顺心的事情时，有些心理脆弱的孩子很可能会受到很严重的影响，甚至不愿意去上学。而那些明白“一码归一码”的孩子却能按照自己的节奏正常地学习、生活。从这里就看出来两者的巨大差距了。

激发孩子自信和干劲的心灵储蓄理论

正如在前言中提到的那样，我一直都在寻找可靠的育儿方式。

其中之一，就是一种心理学的手法——交流分析法。这也被称为“让人身心愉悦的心理学”。

在我学着把这个理论应用于育儿实践的过程中时，就琢磨出来一个心灵储蓄的概念。

每个人生来就带有“存钱罐”，向父母撒娇成功一回，就相当于朝这个存钱罐里当啷扔进一枚硬币。存的“钱”越多，这个孩子的自我肯定感越强，这就是自信和干劲的来源。

每个孩子的“存钱罐”大小都不尽相同。

既有很容易满足的迷你“存钱罐”，也有怎么都填不满的“大胃王”。

后者的情况就是，妈妈只要稍微表示出宠爱的情绪，他就觉得“这不够”、“再多爱我一些”，怎么做他都不满足，连妈妈自己的“心灵储蓄”都要告罄了。不过，我还是建议妈妈从家务中稍微抽开身，多多宠爱一下孩子。

之所以这么说，是因为**“存钱罐”体积越大的孩子，越有活力**。存的越多，相对的自我肯定感就越强，孩子能表现出连妈妈都吃惊的本领。这样的孩子将来大有可为。

如果孩子认为没有从妈妈身上得到足够的爱，那么**在第二次叛逆期到来的时候，他就更让人操心**。“第二次叛逆期”主要发生在从小学高年级起到高中为止的这段时间。这时你就会收到带着利息的账单——“10 年里所需要的爱还远远没有存够哦。”是这样的下场好呢，还是现在老老实实地“存钱”好？从长远来看，想必不难做出抉择。

无论是正向增加的方式还是反向增加的方式都可以成为心灵的储蓄。不过，如果在反向增加上花费的时间比正向增加多的话，会使孩子感到不安。

正向增加的时间＞反向增加的时间→孩子感到踏实

正向增加的时间＜反向增加的时间→孩子感到不安

与身体有关的	与心理有关的		
接触身体（头、肩、肚子、脚、后背） 拥抱/牵手/握手/摸头/贴脸・背负 亲密接触/轻微碰触 陪伴睡眠	**倾听孩子的话** 点头随声附和 **认可** **说一些有魔力的话** 最喜欢你/最爱的孩子/宝贝/是你的朋友/会支持你 名字＋问候 鼓励/赞同/支持/微笑/写信/好的反馈/看对方的脸/一起玩要/称赞	最重要 **正向增加**	能存到钱
殴打 脚踢 使用暴力 踹飞	责备 制止 表情严肃 提醒 说教	次重要 **反向增加**	
	唠唠叨叨 讽刺 表示厌恶 贬低 无视 装作不在意 背叛	绝不能做 **消耗**	存不了钱

资料来源：《“微笑”与“感谢”的育儿方法》野坂礼子

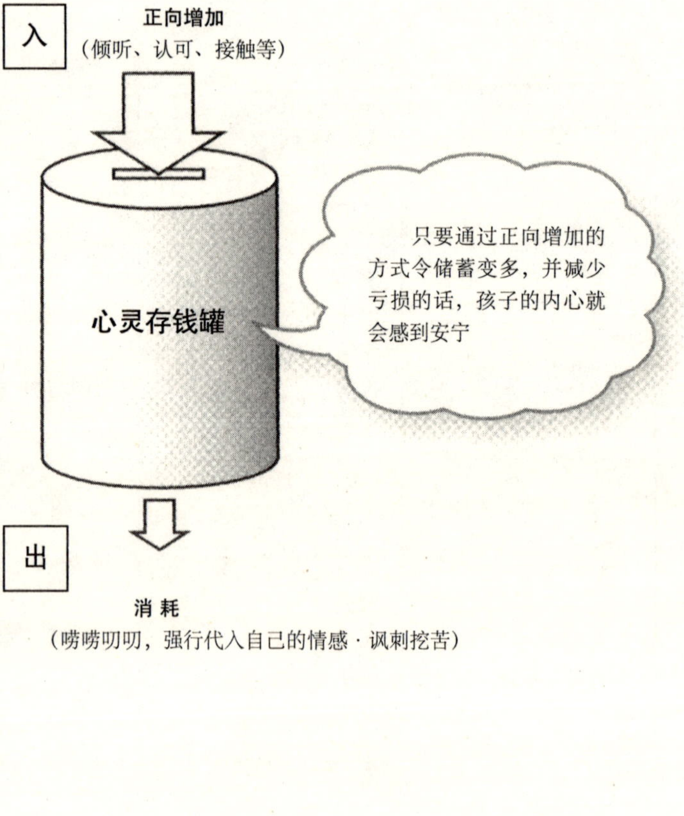
入
正向增加
（倾听、认可、接触等）
心灵存钱罐
只要通过正向增加的方式令储蓄变多，并减少亏损的话，孩子的内心就会感到安宁
出
消 耗
（唠唠叨叨，强行代入自己的情感 · 讽刺挖苦）

心灵储蓄的五大法则

心灵储蓄有五大法则，让我们按顺序看看都是什么吧。

法则1 储蓄越少，孩子越没精神、没热情

让心灵储蓄少的孩子做出积极的、热情的行为时，他们会觉得自己拥有的“能量”会减少，就舍不得使用。

举一个具体的例子：他们对弟弟妹妹或者朋友漠不关心。不管家长怎么说“对他们好一点儿”，也无济于事。即便当场有所表示，事后还是我行我素。在这种情况下，虽然可能麻烦了些，但我建议在孩子内心平静的时间里，家长要多做一些“正向增加”的心灵储蓄。

话虽如此，但在育儿的过程中，家长还是免不了会“唠唠叨叨”，导致“储蓄”减少。其实大可不必忍住不说，只要妈妈能按每天“正向增加”三次的标准来做，那么“储蓄”还是在增长之中，孩子的内心也会变得更踏实。而且，孩子往后的优秀表现也会让妈妈的“唠唠叨叨”逐渐减少。

法则 2　如果现在不储蓄，往后就要被讨债

在前面我曾经提到过，如果现在不开始“储蓄”的话，孩子往后会变得更让人操心。自我肯定感这种品质，并不是岁数一大自然就有的，而是需要培养。如果该做的事情没做到位，那就难以养成。

如果孩子小时候没有得到父母充分的宠爱，那么随着青春期的到来，他们的身体和精神都渐渐发育，就开始带着利息来追讨那些“欠债”——“10 年里所需要的爱还没有存够哦！”

而且青春期的孩子并不会直说“爱没有存够”，而是通过激烈的反抗手段来夺走父母的精力。这么一来家长也坐不住了，双方之间的关系就更加恶化。如果得不到足够的爱，孩子是不会罢休的。所以从现在就要开始“储蓄”，防患于未然。

法则 3　储蓄不足就会故意找碴

孩子一旦发觉父母对自己置之不理，认为没有受到重视的话，就会开始故意找碴儿来激怒父母。

本想听父母对自己说“最喜欢你了”、“你是最重要的宝贝”，本想让父母再多抱抱自己，但是他们到目前为止都没什么反应，往后好像也没要这么做的打算——孩子一旦做出这样的判断，就会认为与其被无视，还不如故意去激怒他们，好引起他们的注意。无论是大人还是小孩，最讨厌的事情不是被人

训斥，而是被人无视。他们的本意并不是让妈妈生气，捣乱只是他们发出的信号——“不要无视我，快点看看我啊！”遇到这样的情况，还是赶快开始“储蓄”吧！

法则4 只有无私的爱才能保证一直都有“储蓄”

当孩子做成了什么，或者取得什么成绩之后，家长一般都会表扬吧。孩子受到称赞后也会很开心，往后就会一直做这样的事。

在孩子还很小的时候，他光是站站或者走走，家长就会大惊小怪，高兴个不停。但随着他慢慢长大，家长称赞的标准也就跟着水涨船高——“会做这个很正常嘛。”连孩子自己都觉得“这种事谁都会做”，结果就导致越来越难提出表扬。

其实，并不应该只在孩子取得成绩的时候才去称赞他，而是无论他成功与否，都要去“认可”他的所作所为。这才是最重要的。

具体来说，就是看到他哪怕有一点小小的变化，都要把你的发现告诉他——“累出了一身汗呀”、“写字速度变快了呢”……经常使用诸如“最喜欢你了”、“你是我的宝贝”、“妈妈一直都支持你”这类充满“魔力”的语言。孩子一旦感觉到“不管我能不能做得到，妈妈都认可我的付出”，他就会变得更加坚强。“心灵储蓄”自然不会越花越少啦。

法则 5　心灵储蓄是万能的解决方法

经常有人向我电话咨询这样的问题："我家孩子，现在还不会做 ××，该怎么教他呢？"遇到这种情况，我总是回答："首要的就是把到现在为止欠下来的心灵储蓄给补上。"如果拿汽车类比的话，心灵储蓄就相当于汽油。当汽车在半路上抛锚时，比起用尽浑身解数在后面推车，不如赶紧加上油让它自己跑起来。

在我的电话咨询中，假设有 10 个人向我倾诉他们的烦恼，我也不可能马上就给出 10 种解决方案。一般我都会教给他们这个对母子双方都有效的心灵储蓄法。"用这种说话方式可能会更直接地传达母亲的心意。"这样一来，即便是没有一个个地教他们该如何解决自己的问题，孩子也会渐渐朝着好的方向成长。

这并不是针对某个问题给出解决方案，而是要增强孩子最重要的自我肯定感，从而在整体上提高他的各项能力。换句话说，这不是对症下药，而是要塑造一个不易生病的健康身体。很多母亲照做之后，都在 2—3 个月内感受到了孩子的变化，从而顺利地从电话咨询中"毕业"了。这种做法貌似绕了弯路，但是当孩子的问题日渐突出的时候，赶快"存钱"才是最便捷的近道。

“宠爱”和“溺爱”不一样

乍一看“宠爱”和“溺爱”这两个词挺相似的，其实它们可是完全不同的两码事。

“宠爱”，就像我在本书一开始说的以下三点：

· 身体接触

· 倾听

· 孩子力所能及的事情由家长来做

只要孩子要求了，做到什么程度都不过分。

与此相对，“溺爱”则有以下的表现：

· 家长抢在孩子前面就给他做好

· 什么都给他买

“溺爱”行为都有一个共同点：**表面看起来都是为了孩子着想，事实却是优先顾及了家长的感受。**

“总宠着他好吗？”

“做什么都以孩子为中心，这成吗？”

想必有很多家长都担心过这样的问题。之所以会这么想，都是因为混淆了“宠爱”与“溺爱”的概念。只要是真心为孩子着想，那所有的行为都是“宠爱”。

有人问:“做什么都以孩子为中心，这成吗? ”这个问题，我认为实际生活中不可能做到“都以孩子为中心”。如果真是100% 做到的话，那么家务、工作什么的就都免谈了，大人就没有生活可言。

假如身边有两三个孩子，就势必会“怠慢”其中的某一个，至多就是“在力所能及的范围内宠爱他们”。总而言之，“几乎不存在过分地宠爱孩子”。

但是“宠爱”过了头，就容易变成“溺爱”。这种行为大致分为两类。至于该如何纠正，下面我会做具体的分析。

（1）什么都给他做好

穿衣服磨磨蹭蹭，鞋带怎么都系不好……

妈妈看在眼里急在心里:“看不下去啦！ ”于是就抢先帮他做好。这种行为，就叫“溺爱”。

如果孩子撒娇说:“妈妈，帮帮忙——”那则另当别论。倘若孩子根本没有提出这个要求，妈妈就以“看不下去了”、“大人做得更快”为由，优先考虑了自己的感受而去主动帮他做好，那就不可以。这等于剥夺了孩子自立的机会。

小孩子做一件事要花费的时间，是大人的 2—3 倍。因此，**要依据这个标准来安排日程表**。在幼儿园工作的时候，我们都留给孩子充足的时间。如果只是因为技术上的问题系不好鞋带——像是有些鞋带设计得太花哨，孩子的小手一时绕不过来，那就应该握着他的手，**简单明了地教会他系鞋带的方法**。

（2）想要什么都给他买

为了止住孩子的哭号，就给他买想要的东西；长辈为了讨孩子欢心，什么都买给他……这样的行为，也叫作“溺爱”。结果就会让孩子变得毫无耐心。

之所以会这样，还是因为家长们优先考虑了自己的感受。

如果孩子想要很贵的玩具，**你可以对他说：“等生日的时候再买给你。”或者说：“把它留着当圣诞礼物好不好？”让孩子学会等待**。积累等待的经验对他们来说是非常有必要的。

而且，一旦这样约定好了，到了时间就一定要买给他。并不能因为对方是小孩子就说话不算数。这样一来，**家长就会在孩子心里留下诚信的形象，孩子也会明白遵守约定的重要性**。

如果确实没有兑现承诺的话，就务必要把原因耐心地解释给孩子听。

“最近实在太忙了，没有时间去给你买。真是对不起哦。”就像这样，诚实地向他说明。

如果孩子索要的不是高档的玩具，而是谁都买得起的零食，那又该如何应对呢？

是不是无论什么都不给买？这可能正是妈妈们犯难的地方吧。

恐怕每个家庭都有自己的一套方法。有的家庭就是奉行“什么都不买”的政策。不过在**走进商店之前，最好跟孩子说定：“今天我们不买零食，好不好？”**如果孩子能如约遵守，那就要好好表扬他一番。

不过我个人觉得，如果带着孩子逛商店，光是让他饱饱眼福却什么都不给买，未免有些残酷。看到琳琅满目的商品时，恐怕连大人自己都想要这要那的吧。

我倒是有个方法：**限定金额，一样只买一个。**既不是全面禁止，也不是毫无限制，而是“部分允许”——在某个范围内就可以买。这样不仅让孩子心里好受，还能培养他的经济观念。

假设上了小学后，学校组织郊游，那就有了买零食的机会。那些从来没有买过东西的孩子就不知道该准备些什么好。跟他讲“预算是 50 元”，他也不知道 50 元能买多少零食。

而那些在买东西上已经积累了丰富经验的孩子，就知道在同等价位下选择那些看起来更多的零食，甚至还能迅速地计算出到底能买多少个。

因此，我建议带孩子逛街的时候，事先告诉他只可以买 50 元或 100 元的零食，至于买什么，可以由他自己挑选。

此外，为了深入培养他对金钱价值的认识，可以施行零花钱制度，一天给个十几二十元。或者是让他帮忙做家务，做一样就给 10 元的报酬。不过在这个时候，应当设定报酬的最高上限。

通过这些经历，就能教给孩子金钱的重要性，以及培养他购物的能力。也许有的家长认为每次出去都得给他买东西，这样花销太大，那我建议您可以试试电话或者网络购物。虽然可能要花上一些手续费，但跟带孩子逛街比起来，能省下不少费用和时间。希望大家都能灵活掌握各种方法。

带孩子逛街的时候，他可能哭喊着“要这个”、“要那个”；明明刚买完圣诞礼物，过了一个星期，又缠着你买新的玩具……如果孩子通过这样的方式索要东西，那就证明之前关于“忍耐”的练习还不够。想解决问题，首先还是得先存上“心灵储蓄”。

如果孩子的物欲特别强，**他的本意可能并不是想要某种东西，而是想要父母的宠爱**。在“溺爱”中长大的孩子，不管你在他身上花了多少钱，买了多少东西，他的内心还是不会满足。缺乏踏实感和满足感，只有不满的情绪在一直滋长。所以，才会接二连三地做出让家长头疼的事情。

我每天都接待关于育儿的电话咨询，凡是“心灵储蓄”充足的孩子，从来不会让家长给他买上很多东西。因为他们的内心是踏实稳重的。

“既然他想要那就买”，这样的心理可是要不得。应当努力去正向增加孩子的“心灵储蓄”。孩子变得踏实稳重了，就不会总哭喊着让你买东西。

“宠爱”与“得意”

我在和妈妈们聊天的过程中发现，“宠爱”和“得意”这两个词经常同时出现。

例如，孩子说：“我不想吃蔬菜。”如果妈妈随口答道：“那不想吃就不吃呗。”孩子就会在一瞬间露出得意的表情。而妈妈就会觉得“怎么变成我听孩子的话了”，内心非常懊恼。家长希望“孩子不挑食”的愿望与孩子“不吃蔬菜”的要求之间产生矛盾时，如果听从了孩子的要求，大人就会觉得自己输给了孩子。

而且，似乎还有“一旦听了孩子的话，往后就成了习惯”的倾向。因此，就发展成了家长和孩子争夺话语权的“战争”。

在这种情况下，就需要给育儿方式开出一张“处方笺”了。这并不是决定父母与孩子之间到底哪个更厉害的战争，所以并不能因为孩子不听话就勃然大怒。具体是怎样的“处方笺”，答案就在第 23 页。

越是忙碌，就越应该好好宠爱孩子

现在我们已经知道“宠爱”的重要性了。但是，有很多妈妈却在犯愁:“小的身边还离不开人，哪有时间管大的呀? ”

每天光是围着孩子和家务团团转，妈妈已经是筋疲力尽了。越是体力和时间都不够用的时候，孩子还在叫着:“妈妈，快来看呀！”等妈妈好不容易闲下来有工夫应付他们了，孩子却像没事人一样自己在一边玩得正痛快。这到底是为什么呀?

孩子都是最喜欢妈妈，离不了妈妈的宠爱。这是他们的本能。从没有一个孩子认为:“我的妈妈太没用了，我要去给邻居家当孩子。”对他们来说，妈妈就是世界上最可爱的人。

2011 年日本大地震刚结束的时候，卫生纸曾一度紧缺。政府甚至呼吁人民:“只买现在需要的，不要囤货！”用这个做类比的话，妈妈就像当时商店里仅存的最后一卷卫生纸。

为了以后着想，应该把那卷卫生纸留下才对。但是孩子认为如果没有妈妈的爱，自己就活不下去，所以仅剩的那一卷卫生纸也要赶快抢购回去。所以，如果妈妈表现得非常忙碌，没有时间和精力照顾自己，孩子就要去赶快占有那仅剩的一点空余。

越是在妈妈劳累的时候、忙碌的时候、没心情的时候，孩子索要起爱来就越贪婪：

“要把妈妈剩下的那一点爱全部夺回来！”

“要多留下一些爱！”

对孩子而言，妈妈就像空气一样。一旦变少，就会浑身无力，活不下去。因此，当他发现妈妈忙得没时间理会自己的时候，就会觉得自己被拒绝了，马上就产生激烈的反应。就像是在嚷着：“快给我氧气！”“赶紧把氧气面罩拿过来！”他们的小小计谋就是：你越忙，我越是要用撒娇来吸引你的注意力。

不对孩子发火的处方笺

“我那么忙，哪有工夫跟他玩呀！”

这种想法恐怕每个当妈妈的都有过。

如果能带着孩子在南方某个岛上的旅游胜地度假，吃住都在宾馆，既不用打扫卫生，还能放开肚皮吃喝，连衣服都有服务员给洗，什么家务事都不用做……要真是这样的话，谁都能一天到晚陪着孩子到处玩耍。可惜，现实是残酷的……

也就是说，在现实世界中，育儿必然受到各种各样的限制，不可能 100% 回应孩子每一次撒娇。

只要孩子一说：“妈妈你给我……”总会换来一句：“你适可而止吧！”当你感觉对孩子开始不耐烦或者生气的话，就请看看我下面开出来的处方笺吧。

（1）冷静地说出自己的要求

孩子有个判断妈妈是否生气的标准，那就是“声音大小”和“语气强弱”。

比起妈妈到底说了些什么，孩子更容易对妈妈说话时的神态做出反应。如果妈妈的声音很大，语气又很强硬的话，孩子就知道妈妈这是在冲自己发火。因此，**说话时降低声调和节奏，冷静地表达出自己的想法**非常重要。

假设妈妈正要准备做晚饭，而孩子却说："再陪我玩一会儿嘛！"妈妈此时一边说"你刚才不是想吃晚饭了吗？妈妈这就去给你做"，一边向厨房走去。

即便孩子因为你没有继续陪他玩而生气，妈妈也要像自言自语似的嘴上继续应付他："你还想玩，是吗？妈妈也想接着玩呀。"手上却已经开始忙活晚饭了。孩子要是要求："那就一起玩嘛！"就接着跟他敷衍："是吗……"

如果妈妈全都听孩子的，一直陪着他玩，后果就是"今天没有做晚饭"，什么事也干不成。

（2）学会互相让步

孩子一旦感觉妈妈在拒绝他，就会像缺氧一般，因为痛苦而吵闹不停。

如果他一这样就马上过去安抚，妈妈的内心也会变得很纠结："不能再这样惯着他啊！"

"什么都帮他做，这样好吗？"

这个时候其实应该互相做一点让步，这正是与孩子搞好关系的好机会。

"妈妈正在看着呢，你做给妈妈看，好不好？"

“上衣是妈妈给穿的，那裤子就自己穿行吗？”

像这样，试着与孩子沟通，双方各让一步。千万不要大声训斥他：“你自己做！”应该把孩子当成大人一样，跟他平等对话。

孩子应该呵护到9岁

如果孩子总是要“抱抱、抱抱”，妈妈就会不自觉地抱怨：“怎么又来了……”但要是不抱他的话，又会于心不忍。妈妈真是两头为难。

这里有一个“宠爱”的标准。在日语里，小孩从5岁开始一直到9岁，表示年龄的单词末尾都有一个stu的音节。可以把这个stu，理解成包围、呵护的意思（日语里表示包围的单词“包む”里也有stu的音节）。也就是说，到9岁为止，孩子都是需要妈妈来呵护照料。

如果在9岁之前孩子得到了妈妈的充分宠爱，那么往后他就会成长为一个稳重踏实的好孩子。

孩子就像树上的果子一样。得到家人充分的呵护后，他就会自己安心地离开父母的怀抱，就像果子成熟之后会自行掉落一样。

反之，如果尚未成熟就被人摘掉，不仅果实会受到伤害，吃起来口感也不会好。同这个道理一样，孩子本来就是前进一步后退两步，慢慢成长起来的。家长的心情可能会很焦虑，但千万不要急躁。

孩子如果得不到足够的宠爱，那长大后就会变得不自信也不相信他人，总会感到不安，没有精神。

只要孩子有要求，不管多少次，无论到了几岁，都应该抱抱他、背背他，直到他再也不提出这样的要求为止。

第二章

一问一答&一看就懂！

正确的宠爱方式VS错误的宠爱方式

正确的宠爱方式有利于孩子的健康成长

在这种情况下宠孩子对不对？如果总是顺着他的意思，成了习惯怎么办？在育儿的过程中，想必家长经常会有这样的困惑吧。

原则上，**只要孩子有所要求，家长就应该尽量满足。**

甚至可以说，正是要借着宠爱他的机会，好好地教育他。

这么一来，孩子的内心得到了满足，就不会总缠着你买一些不必要的东西，也不会说一些任性的话让妈妈为难。

孩子只要得到妈妈充分的宠爱，内心就会得到安宁，变得平静。

只要心里一踏实，自我肯定感就会高涨，自信和干劲就源源不断地冒出来。

这样的孩子用不着妈妈一一大声指责就会按照她所期望的那样去做；妈妈只用稍微提醒一下，就能马上行动起来。

这就是“心灵储蓄”富足的状态。

达到这种状态后，妈妈的育儿工作也会变得轻松不少，觉得“养育孩子真开心”。

如果孩子并没有得到足够的爱（心灵储蓄不够），或者妈妈总是一味地感情用事、讽刺训斥孩子的话（心灵储蓄亏损了），孩子的物欲就会表现得特别明显，做出一些任性的行为。

妈妈在这种时候，就犯了难了。孩子的要求到底要满足到哪种程度？如果该做的事情孩子不去做，那该怎么办？

本章就是教给大家应对这种情况的方法。

总体说来，就是要**聪明地宠爱孩子，**可不是“溺爱”哦。

下面我将列举 30 个例子来具体说明如何用宠爱的方式帮助孩子成长。

case 1 力所能及的事情却让妈妈做

Q 上幼儿园的儿子总是在早晨最忙碌的时候对我撒娇说:“妈妈来帮我穿衣服!”他自己明明可以做得到。为了让他赶上幼儿园的校车,我只好怒气冲冲地去帮他。我希望他能早日做到“自己的事情自己做”。——有3岁男孩和1岁女孩的妈妈

A 早晨的两个小时和傍晚的两个小时是一个神奇的时间段——在这段时间里你能听到全日本,不,全世界母亲愤怒的叫喊。

您的儿子在幼儿园里,应该会自己穿衣服吧。看来技术上完全没有问题,他之所以让妈妈帮他穿衣服,那就是想对母亲“撒娇”。

他明白这样做的话妈妈可能会生气,可能会让他等待,也可能会拒绝。没准自己亲自做还快一些。但他还是决定要撒娇,目的就是想和妈妈多多亲近,想得到妈妈的宠爱。

这种时候我建议妈妈要对他说:“因为你是妈妈的宝贝,所

以妈妈来帮你做！”马上过去帮助他。说出“你是我的宝贝”这样的话，就是在积攒孩子的“心灵储蓄”。反正一时半会儿也做不了什么像样的家务，不如就遂了他的愿。

需要提醒的是，如果一边帮他穿衣服，一边嘴里唠唠叨叨、没完没了可是会造成相反的效果。孩子的首要目的就是“求宠爱”，如果一边生着气一边给他穿衣服，他就没有“被宠爱”的感觉。既然目的没有达到，那他下次就会换种方式在别的事情上面撒娇。

妈妈可能会想：“给他穿到什么时候才是个头啊！”之所以会产生这样的念头只不过是因为你还有更小的孩子要照顾，所以急着要把大孩子培养好。这种心情当然可以理解。我建议你先试上两个星期，一边对他说“你是最重要的宝贝”，一边帮他穿衣服。只要您儿子“想被宠爱”的心情得到了尊重，想必往后缠着你要求穿衣服的情况会慢慢减少。

point!
A　孩子还没有“麻烦”这个概念
B　给孩子造成了“老师很可怕”的印象

AFTER

point!

A 提升自我肯定感
B 对男孩子特别有效
C 给大孩子面子
D 即便全程都有妈妈的协助，也要让他有种“全都是自己一个人做”的感觉

case

2 总想要零食却不知满足

我的女儿非常喜欢吃冰激凌，总是吵着要吃，让我很头疼。本来跟她约定一天只能吃一个，但是她走到哪儿都要我买。跟她商量：“可不可以不买？”她就回答：“冰激凌是每天都要吃的东西。”非让我买不可，真让人闹心。难道只要孩子想吃就得满足她吗？　　——3岁女孩和1岁女孩的妈妈

孩子都喜欢吃甜、凉的东西。尤其喜欢冰激凌和各种冰凉的饮料。所以他们就老是向父母撒娇要吃这些。

但是年幼的孩子并不知道自己究竟能吃多少。这些冷饮吃多了要么会让肚子受凉，要么就是吃不进去饭。

但如果全面“封杀”这些零食的话，孩子就未免太可怜。特别是那些食欲旺盛的孩子，对零食特别有瘾，禁止都不起作用。那么，既然不禁止，就需要在大人的应对策略上好好下功夫，千万不要生气。

以这家的情况为例，就不要给她买成人分量的冰激凌，

而是买那种分成很多小份的家庭装。即便是分量变少了，只要孩子吃到了不同的口味，她也会觉得自己已经吃了不少。可以给她提供香草味、巧克力味、草莓味等多种口味的冰激凌，让她自己来挑。因为量很少，所以吃两三个也不成问题。

这种方法也适用于冰激凌以外的零食。比起散装的可能有些贵，但我还是建议家长给他们买那种有很多单独小包装的零食。

此外，为了防止孩子一次吃得太多，也可以把零食装进深色食品袋里或者放到冰箱的最高层。因为孩子只要见到零食就会想吃，这两种做法，就是让零食“隐身”。

如果家长认为孩子爱吃什么就给他什么是一种溺爱，从而禁止他吃零食的话，反而会招致孩子的逆反心理。比起这种后果来，还是琢磨琢磨怎样才能让他少吃点吧。

point!

A 不说明理由的话孩子是不会理解的

B 一旦跟孩子处在同一个立场上，就会发展成“亲子战争”

AFTER

point!
A　说明理由
B　提出其他的游戏方式，转移注意力

case 3 孩子总是要抱抱

Q 一到傍晚，孩子就撒娇，要“抱抱、抱抱”，让我很头疼。难道是我对他的爱还不够吗？他都已经3岁了，我很担心他往后会不会变成一个娇弱的孩子。但是在幼儿园里他和其他的小朋友相处得都很愉快，老师也说：“这孩子没有什么奇怪的地方。”

——3岁男孩的妈妈

A 孩子在幼儿园玩了一天已经很疲惫了。特别是到了傍晚，“累了”、“好瞌睡”、“肚子饿了”这三种情况会一起袭来。假设孩子白天能发挥出100%的精力，到了晚上可能就剩50%—60%了，3岁的孩子往往就会恢复到2岁前的状态，缠着妈妈要抱抱。因此，如果孩子主动要求抱抱，家长最好不要拒绝，尽可能满足他的要求。

妈妈越是迎合孩子，孩子就越想撒娇，会故意让妈妈喂饭，帮他穿衣服。这些撒娇的行为并不意味着孩子“退化”了，而是妈妈的行为符合了孩子的心意，他正在享受着这份

“宠爱”。所以这样的宠爱是很有必要的。可能在这段时间内会让妈妈觉得很棘手，不过孩子要是得到了充分的宠爱，他就会渐渐变得成熟稳重。

我们经常说“爱得不够”，但是爱的多少，本来就很难衡量。因此，比起琢磨自己爱得够不够来，不如多做一些正向增加“心灵储蓄”的事情。就算给得再多，也不会有什么不良后果。如果你有点担心孩子的变化，那就有意识地去增加储蓄吧，准保错不了。

如果孩子很适应幼儿园里的生活，家长自然希望他们在家里也能这么稳重。但是孩子在家里的表现和在幼儿园里的表现，是两码事。在家里能自在撒娇的孩子，在幼儿园里就会老老实实地活动。这才是妈妈劳累半天才获得的成果啊。

顺便说一句，那些在家里特别乖的孩子，可能到了幼儿园反而会变得很调皮。这就是因为妈妈在家奉行严厉的教育方式，她对孩子的爱，并没有被孩子直接感受到。与这样的模式比起来，还是在家里喜欢撒撒娇的孩子更让人安心吧。

point!
A　虽然没有恶意，但让孩子听起来觉得是在拒绝他
B　妈妈的爱没有传达到位的话，孩子就会更加需要这种爱

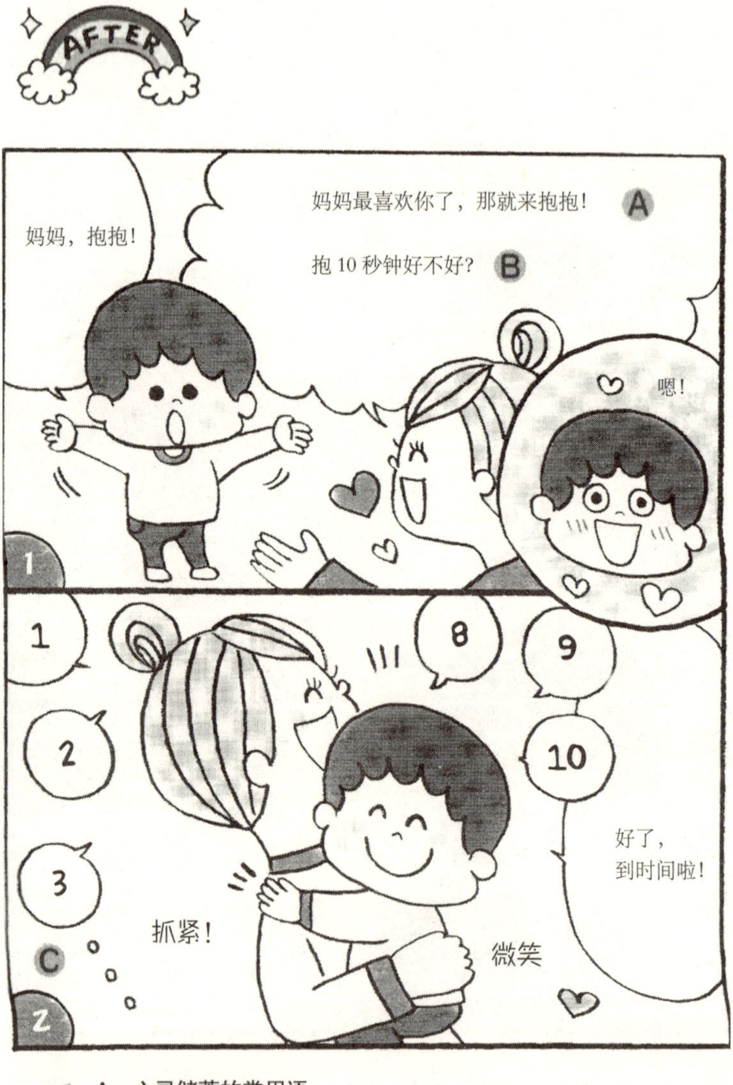

point!

A　心灵储蓄的常用语

B　如果时间有限的话，要事先说好

C　时间要慢慢地数

case 4 吃饭的时候故意磨蹭

我女儿在吃饭上花的时间特别长，平均一顿饭得吃上一个钟头。因为她吃饭特别挑剔，我就费尽心思准备了饭菜，可是她吃得也不香。每顿饭都让我觉得很痛苦。特别是第二个孩子出生以后，她吃饭就更磨蹭了。

——3 岁女孩和 1 岁男孩的妈妈

弟弟出生以后，吃饭就更磨蹭了是吗？这么看来，吃饭拖延时间，其实就是撒娇的一种表现方式。

如果大孩子要去幼儿园，而小孩子还需要一天到晚地黏在妈妈身边，那么在与妈妈接触的时间长短上，小孩子有绝对的优势。大孩子一旦去了幼儿园，就和妈妈断了联系。虽然这是理所当然的事情，但是在大孩子的心里就会冒出这样的念头：“弟弟真幸福啊，能一直待在妈妈的身边。”而且，一旦到了上幼儿园的年龄，家长对孩子的要求也会骤然提高——“你要更坚强、自己的事情自己做、要遵守时间”，等等。既然到了学习社会性的岁数，妈妈的这些心情也可以理解。但是在孩子看来，本来与妈妈相处的时间就变短了，还有那么多不得不遵守的事情，就会生出各种不满的情绪。出于“想对妈妈撒娇”、“再多宠爱我一点”的心理，她就会在吃饭上花费更多的时间。

但是，如果在两个孩子身上都得倾注 100% 的爱，对妈妈而言真的是勉为其难了。在这种情况下，就该好好利用吃饭的时间对孩子进行“正向的接触”。毕竟在此期间孩子会比较老实。如果能一天做到三次就算拿满分啦。这样一来，大孩子的心也就踏实了，磨磨蹭蹭的情况就会有所减少。

还有一点就是，大人和孩子的时间观念不同。大人是根据具体的时间来行动的，而在 3 岁的孩子看来，“想吃饭就吃饭，吃完了才算结束”。孩子的时间比大人的时间过得更“慢”。为此感到困扰的就只有大人，而孩子却毫不在意。因此，家长在思考应对方法时也要注意彼此的时间观念不同。

point!

A　本来不想吃的，但是觉得自己在跟妈妈的较量中落了下风，所以要反抗

B　越生气就越费时间，恶性循环

point!

A　盛饭的时候，要给她比平时少一点的饭量

B　不是等全部吃完再表扬，而是在吃的过程中就表示肯定

C　即便吃得少，只要能吃完就值得称赞

D　被妈妈认可后孩子会变得很开心，就想再多吃一点

Case

5 让我给他收拾玩具

Q 自己只管玩儿，玩耍过后剩的一地玩具却让我去收拾。自然，把玩具拿出来的也是她。我真是气得不得了。希望她能主动去做那些力所能及的事情。 ——4 岁女孩的妈妈

孩子只会活在“当下”，他们还没有预见未来的能力。所以一开始玩耍的时候就会把玩具散落一地，根本不考虑后果。等到了需要整理收拾的阶段，才猛然意识到：“完了，收拾起来真麻烦啊！”自然不会，也不想去收拾了。在这种情况下，家长不应该生气，而是要去高明地帮助她，满足孩子想被宠爱的需求。

只是嘴上说说“妈妈很忙你自己去收拾吧”自然不管用，妈妈需要和孩子一起动手整理。在收拾的过程中，要不时地鼓励她：“做得真棒！”“谢谢哦！”最后要向孩子传达这样的观念——“屋里变得整洁了，心情真好！”“收拾完房间好开心！”反复这样几次之后，孩子内心就会有这样的概念，整理东西的

水平也逐渐提高。做到这种程度后，即便妈妈不在身边，他们也会自己动手去清理。

虽说如此，倘若在家天天都要这么做的确够呛。下面我就讲几个和孩子一起收拾房间的小窍门。

· **整理**：如果需要收拾的东西太多，自然会觉得很麻烦。但是又不能把孩子最近不玩的玩具直接扔掉。我建议在孩子去幼儿园的这段时间，把她最近没碰过的玩具用纸袋先收起来，转移到其他的地方。如果一下子全扔了就会引起孩子的注意，容易激怒她，所以暂时保管一段时间。等她差不多忘了这些的时候再丢掉。

· **分工**：指的是把需要收拾的物品和场地做好分工。例如孩子负责把积木放在下面的架子上，而妈妈负责把拼图放到上面的架子上。

· **设置时间限制**：假设“只陪孩子收拾 5 分钟”。这样一来，家长就会带着孩子学习“某种东西应该以哪种方式收纳在什么地方”。

· **认可**：收拾完之后，要用诸如“真能干”、“屋里变干净了”、“心情真好”之类的话语认可孩子的行为，就能慢慢给孩子培养起这方面的意识。

point!

A 向妈妈撒娇
B 明摆着的道理说出来没有任何意义
C 认为妈妈是在拒绝自己，就更激起了反抗心理

point!

A 分工

B 像做游戏一样，带着愉快的心情去整理

C 让孩子感受到整理会让人心情变好

case 6 越是忙的时候，越让我陪他上厕所

Q 一到傍晚我最忙的时候，大儿子就对我说："妈妈，陪我上厕所。"他在幼儿园就能自己去，我希望他在家也可以办到。傍晚我还得一边照顾小儿子一边做饭，再被他这么一闹，真是忙坏了。　　——4 岁男孩和 1 岁男孩的妈妈

A 也就是说，家长越忙碌的时候，他越是要过去"添乱"是吗？妈妈这个时候还得照顾小弟弟，眼睛一刻也离不开，同时也还要张罗晚饭。自然想让大儿子"自己的事情自己做"。凡是有这样两个孩子的妈妈，恐怕都感同身受吧。

既然大儿子在幼儿园可以自己去厕所，在家却让妈妈陪的原因就是想跟妈妈撒娇，想让妈妈多照顾他。

其实，家长越是忙得没有时间和精力，孩子就越想去"添乱"。这到底是为什么呢？

一般孩子都会觉得要是得不到妈妈的爱，自己就活不下去（就算没得到妈妈的宠爱，他也不想去做别人家的孩子。您

的孩子也不例外)。

打个比方，妈妈就像氧气一样重要，缺氧的时候人就会浑身无力。到了傍晚这个繁忙的时间段，妈妈忙于应付各种事情，孩子与妈妈之间的交流就变少了。也就是说，快“缺氧”了。所以，就算有可能惹妈妈生气，他还是要过去找妈妈。就像去寻找“氧气面罩”一样。如果当场被妈妈拒绝，那就真的“缺氧”了，很可能就要大发脾气。

虽说如此，在这个时候小儿子也丝毫不顾及大家的情绪，一个劲儿地往妈妈身上贴，真是让妈妈很为难。我建议在这种情况下还是要优先照顾大儿子的感受。虽然小儿子有些可怜，但是你也可以在大儿子去幼儿园的这段时间里好好弥补他。当大儿子也在家的时候，还是要先考虑大儿子。

BEFORE

point!
A 背后隐藏着希望妈妈多宠爱自己的情绪
B 小儿子很会撒娇，妈妈顺手就把他抱起来了
C 能不能自己去不是问题，关键是大儿子不情愿

point!

A 最低限度地应付小儿子

B 大儿子的内心得到满足之后，开始进入乐于“分享”爱意的状态，就会温柔地对待弟弟，妈妈的负担也就减轻了。

case 7 孩子说他最讨厌妈妈

最近我家孩子总是很随意地就说出来:“我最讨厌妈妈！”我就很严肃地批评他:“怎么能这样跟大人说话！快点道歉！”但不管说多少次都没有用，我越生气他就越要说。怎么才能让他明白这种话不能随便乱说呢?

——3 岁男孩和 1 岁男孩的妈妈

从自己孩子嘴里说出“最讨厌妈妈”这样的话，真是让人又生气又难过。但是，无论如何，孩子并不是真的打心眼里讨厌妈妈。孩子的词汇量很有限，在他着急的时候，就会直接从自己的词汇库里面选择最有杀伤性的语句。虽然表达方式上欠妥当，他只是想表达自己对妈妈有不满的情绪而已。

假如妈妈上来就对他说:“不能在家里玩球！”虽然只是批评了他的错误行为，但在孩子看来，那就是对自己这个人的否定。

对孩子而言，妈妈就像与自己谈恋爱的一个对象。自己最喜欢的人如果指出了自己的缺点，当时的心情就像是自己被全盘否定了一般。所以他就说出“最讨厌妈妈”这样言过其实的话，目的就是让对方伤心。孩子就像是个爱闹别扭的小恋人，总是用相反的方式去吸引对方的注意和表达自己的欲望。

在这种情况下，千万不要严厉地斥责他，而是要用“像你这么聪明的孩子肯定会明白”之类的话鼓励他去做你想让他做的事情。本来他只是有些不满情绪而已，把他当成一个好孩子看待，用“心灵储蓄”安抚他，才是解决问题的根本之道。光用禁止和斥责的方式对待他的话，孩子会觉得没有得到妈妈的认可。自己如此喜欢的妈妈居然否定了自己，真是太难过了。因此他就要用极端的方式发泄自己内心的不满。所以，不要对他说“……不行”（禁止）、“应该……”（命令），而是向他好好解释为什么“不可以”的原因，引导他采取“具体的行动”。

point!
A　跟孩子对着吵
B　把自己放在优势位置上

AFTER

point!

A　说明理由

B　孩子不会马上就停手

C　不用禁止或斥责的口吻，而是耐心地引导他的行为

D　夸奖他懂事、聪明，可以加深他的印象，往后的行为朝着更好的方向发展

case

8 认为什么都是妈妈的错

Q 我很为女儿的无理取闹而头疼。像是今天早上给她梳头发的时候，她对皮筋的颜色不满意，一直在抱怨。最后居然说“妈妈梳的头发不好看”、“都怪妈妈把我打扮得这么奇怪”。她以后会变成什么样真是让人忧心。

——3 岁女孩和 1 岁女孩的妈妈

A 3 岁是一个非常以自我为中心的时期。在 2 岁之前还只会被动地评论好坏，现在则是一遇到自己想做的事情就会很清楚地表达出来。这就是孩子自己的逻辑，如果父母站在与她相反的立场上的话，她就会生气。虽然做了她要求的事情，但还会招致抱怨。孩子自有一套理论，但在大人看来那只不过是“谬论”。

而且处在这个年龄段的孩子，虽然活动范围大幅度地扩大了，但相应的语言表达还不成熟，词汇量有限，不足以完美地表达自己的情感。一旦遇到不如意的事，就只会说“都怪妈妈”、

“妈妈不好”、“都是妈妈的错”，用她仅有的词汇拼命地表达不满。作为父母，此时也会觉得为难。如果全听孩子的，按他的意见来，往后就有可能惯坏他。

因此，在可能引发孩子的不满之前，就先征求好孩子的意见:“想用什么颜色的皮筋？”“打算梳什么样的发型？”如果这样孩子还要说“妈妈不好”，那就看当时的时间紧迫与否。如果没时间，就告诉孩子“明天再用粉红色的皮筋”，不再做更改。不要直接冲孩子发火，说“没时间再换啦”，而是用平静的语调告诉她现在只能做到的事情。

而且，在大孩子已经上了幼儿园，小孩子还不够岁数的这段时期，大孩子容易吃小孩子的“醋”。“吃醋”，也就是想被妈妈宠爱的念头，有时会通过这种无理取闹的形式表现出来。眼看着大孩子的“心灵储蓄”正在减少，妈妈就要赶紧有意识地多和她交流。

对女孩子而言，妈妈给孩子梳头、编辫子的这段时间是无可取代的，能好好享受妈妈宠爱的时间，能独自占有最喜欢的妈妈。所以要好好利用这个机会，多多地宠爱孩子，增加她的“心灵储蓄”。

BEFORE

point!

A 让孩子察觉到你不耐烦的心理

B 故意夸大事实

C 站在跟孩子相反的立场上，引发争吵

point! A　对可能引起孩子不满的事情，要先征求她的意见

case 9 无法制止孩子说脏话

Q 最近我总为儿子不好好说话而烦恼。例如，他玩耍之后没有收拾自己的玩具，我一提醒他，他就说:“白——痴！”“才不管！”他才刚刚开始上幼儿园，就学得说话这么难听。无论我怎么批评他，都无济于事。——4岁男孩的妈妈

A 他之所以故意激怒母亲，就是想要得到母亲的宠爱而已。当他进入幼儿园后，就开始了集体生活。在那里既能学到好东西，也会染上坏毛病。只不过好的行为很难被人察觉，而坏表现就非常扎眼，所以妈妈就注意到了他说话不中听。

孩子今后还要在小学、中学等集体中成长，因此，当他说脏话的时候，先不要阻止。孩子有时候说脏话并不是因为有坏念头，仅仅只是觉得好玩而已。因此，家长有必要每次纠正他的错误用语，教给他正确的表达方式。由于孩子不是心怀恶意才说脏话，家长没必要大发雷霆，只需让他明白不应该那么说就行。家长需要有充足的耐心来一一纠正他。

孩子的语言习惯与内心的状态密切相关。如果内心不安，语言就会变得粗暴。为了防止发生这种情况，虽然费功夫，家长还是要在平时有意识地多多宠爱孩子，增加他的“心灵储蓄”。

而且，您还跟孩子在收拾东西的问题上发生了争吵。关于这点，其实只要抽出5分钟的时间同他一起来做就行。就像我在本书中所讲的那样，妈妈同孩子做好分工，把“什么东西该放在哪里”这样的规定多告诉他几次，他就会记住。

家长只说一次的话，孩子是没有什么印象的。必须把同样的事情重复多次，才能转变成他的知识和习惯。育儿本来就是一件需要耐心的事情。

还有，把东西整理完毕之后要把“屋里变整洁了真开心”这样的想法传递给孩子，一定会收到更好的效果。

BEFORE

point!

A 故意说一些不讲理的话，想要撒娇

B 想利用家长的权威稳定事态，但这种方法只在孩子很小的时候才奏效

point!

A 明确告诉孩子妈妈“不喜欢”

B 分工合作

C 通过表扬孩子来增加心灵储蓄，慢慢地孩子就不再使用让妈妈听了不开心的词汇

case 10 哥哥总是和弟弟吵架

Q 我家的老大总是随便拿走老二的玩具。老大坚称：“我跟他说借了。”而老二并没有同意。很明显是老大的错，我教训了他之后，他就很不情愿地说了声：“对不起。”没有丝毫道歉的诚意。

——5岁男孩和2岁男孩的妈妈

A 兄弟之间发生争吵是很正常的事情，不过双方总是爆发争吵的话，那就是心灵储蓄出了问题。特别是那个挑起争端的孩子，他的心灵储蓄八成已经余额不足。平时想被宠爱的愿望没有得到满足，一点小事就能成为诱发争吵的原因。

而且，兄弟之间争吵的根本原因就是在争夺妈妈的爱。那些心灵储蓄余额不足的孩子，就容易对占有妈妈更多时间和精力的另一个孩子发出挑衅。他心里认为对方“太狡猾了，总是得宠”。

更加耐人寻味的就是发生争吵的兄弟，都认为错在对方。哥哥总认为弟弟不对，他就理直气壮地责备对方：“是弟弟不把玩具借给我！”一点都不认为是自己做错了——“我明明跟他说借了！”

虽然哥哥的年纪稍大，但并没有学会体察别人的心意。虽然对方并没有答应，但他认为自己既然提出来“借”了，那弟弟就得毫不犹豫地把东西给他。

因此，如果再激怒哥哥的话，他的不满情绪会更猛烈地爆发出来。所以在兄弟之间发生争吵后，妈妈不应该上来就做判断对错的法官，而是要对哭泣的一方进行安抚：“是不是很难过？”等争吵告一段落之后，再对另一个孩子说：“你刚才那么生气，是为了什么呀？”让他把自己的理由讲给你听。

point! A “为什么”这样的说法让孩子感觉受到了责备
B 还是很不满

AFTER

point!

A　平时就做好心灵储蓄
B　安慰弟弟
C　不判断谁对谁错，只是听他们说
D　把他当成懂事的孩子看待，听他讲理由
E　告诉他哪里做得不对

case

11 跟孩子说话他却不理我

Q 跟孩子说话的时候他老是不理我。特别是当他看电视入了迷，我就被完全无视了。我很担心他进入小学之后会被老师训斥。虽然也总是教育他:“至少也要答应一声啊。是不是不听妈妈的话啦？”但还是没什么变化，真让人头疼。

——5岁男孩的妈妈

A 有些孩子一遇上自己喜欢的事情就特别专注。在这种时候，不管妈妈叫多少声，他就像没听见一样。这并不是在撒娇。

当孩子把注意力集中到某一件事情上时，其他的信息就很难干扰到他。只有妈妈会为孩子没有反应而生气，但孩子并没有任何恶意。

这就像是手机在接收信号一样。当身处高山或者高大的物体附近时，手机的信号就会变差。不管你有多生气多着急，信号也不会突然变好。与其干着急，不如妈妈主动走到信号好的地方去。

如果妈妈本来就站在离孩子很远的地方说话，那他就更听不见了。如果想要跟他说话，建议站到他身边半径一米以内的地方。

而且，站在孩子身后的话“信号”也不好，要有意识地站在他的面前讲话。

如果确实有跟他交流的必要，不妨拍拍他的肩膀，或者直呼他的名字，同时也要表扬他“注意力很集中”。

特别是在傍晚时分，妈妈们一般都在厨房里一边忙活晚餐一边隔着老远叫孩子。一旦孩子没有回应，妈妈就会很焦急，变得更加生气。我认为还不如走到孩子面前去跟他讲话，看起来很费工夫，但更有效率。

我希望家长们注意的一点就是，孩子并没有恶意。这样的孩子如果每天都因为同样的事情遭到训斥、讽刺和抱怨的话，他的心灵储蓄会减少。因此，在日常生活中应该有意识地多和孩子接触，让他感受到妈妈的爱。

point!
A　并不是无视妈妈，而是看电视入了迷
B　感觉被孩子无视了，非常生气
C　用“你”作为主语，会让孩子觉得自己受到了责备

AFTER

point!

A　走近并叫出孩子的名字，容易引起他的注意

B　注意力慢慢发生变化

C　不用命令句，而用疑问句；孩子明白你的意图后，他会主动去做

D　向孩子表示感谢

case 12 一到睡觉前就任性

Q 我家有睡觉前给孩子读绘本的习惯。但是最近孩子在读绘本之前总是要玩玩具。因为睡觉时间定在了8点半到9点之间，一看到她已经玩到9点了，我就对她说：“今天已经没有时间读绘本喽。”她马上就发怒了：“啊？但我就是想看绘本！”我继续说：“不是说好了9点就睡觉吗？是你一直在做其他的事情拖延时间。”不管我怎么说，她都不买账，一直吵个不停。我觉得这样由着她的性子来不好，所以在她犯错的时候决不让步。但是我真是被她的任性闹得苦不堪言。——4岁女孩的妈妈

A 孩子如果晚睡的话，妈妈的事情可能就来不及做，第二天早上孩子也有可能起不来，总之会发生很多麻烦事。所以妈妈们都很注意及时安排孩子就寝。

但是，孩子很难按照时间表来规划自己的行动。如果睡觉前兴致起来的话，就会一直玩个不停。

这个时候其实孩子是没有恶意的。所以妈妈以“撒娇”的

名义斥责她的话，她就不明白自己错在哪里。她可能以为不管到什么时间妈妈总会给她读绘本，所以当妈妈说“今天没时间读绘本喽”，她才会突然意识到这个现实，从而大吵大闹。

在这种情况下，妈妈应该圆滑地处理：“真拿你没办法。那就只读一个故事好啦！”如果孩子在睡前保持愉快的心情，那么第二天起床也会很顺利。就算稍微晚睡那么一会儿，比起让孩子有个好心情来说，也不算什么了。这就是聪明的宠爱方式。

爱跟妈妈吵架的孩子，就容易惹妈妈生气。一生气，自己的心灵储蓄就减少了，继而更容易发火。这就陷入了恶性循环。所以，平时有意识地多多宠爱孩子还是非常重要的。

point!

A 不应该用说完就走的态度

B 不应该用责备孩子的语气

C 感觉自己被责备的话，孩子就本能地想要反抗（哭泣或生气），以维护自己的观点

AFTER

point!

A 先提醒她接下来要做的事情

B 提出“先收拾东西”的条件

C 提出符合实际的解决方式

case

13 这也想要那也想要

Q 我家孩子的物欲特别强。带他去便利店，就会哭着要卡牌游戏；带他去购物中心，又吵着要吃汉堡包、冰激凌。如果什么都听他的我得花多少钱啊，再说了，也不能孩子说什么我就做什么。

——8岁男孩的妈妈

A 要什么就买什么这种溺爱孩子的方式会教育出任性的人。妈妈的这种担心可以理解。想要改善这种状况，有以下四种方法：

（1）如果孩子见到什么都想买，那就减少带他去买东西的次数，多使用电话和网络购物的方式。而且带孩子出去购物也是一件相当耗费时间和精力的事情。不带他出去就可以预防此类事情的发生。

（2）跟他说好“只有生日和圣诞节才可以买大件的礼物”，培养他“等待”的能力也很重要。

（3）如果他在超市想要糖果，那就和我在第一章中讲到的那样，跟他说好进去不买东西。如果他能忍住，那就好好表扬他一番。或者可以给他买，但是先说好金额，在这个限度以内他可以自由挑选。为了让他明白金钱的可贵，也可以每天给他 10 元或 20 元的零花钱，或者帮忙做一次家务，就给他 10 元的报酬等（设定好金额上限）。

（4）如果孩子的物欲特别强的话，可能他真正需要的并不是实物。那会是什么呢？那就是妈妈给他的心灵储蓄——妈妈的爱。爱是看不见摸不着的东西，所以孩子也不会说："我想要妈妈的爱。"所以家长也不容易察觉这个真正的原因。这时候，家长应当在"正向增加心灵储蓄"的做法中选择自己能做的那些，多多实践。建议在孩子心情比较平静的时候去多和他交流。

在接下来我会告诉大家平常怎么向孩子表达自己的爱意。

BEFORE

point!
A 不看孩子，总是用命令的语气说话
B 产生逆反心理（哭泣或是生气）

AFTER

point!

A　名字 + 问候
B　说出眼中所见，也是对孩子的一种肯定
C　用实际行动表现出“我很喜欢你”，可以增加孩子的心灵储蓄

Case

14 孩子易怒易哭叫

Q 我家的孩子一遇上不如意的事情，很快就会生气或者哭泣。前些日子他想和小伙伴一起看绘本，结果对方说“不想看”，他就大哭起来。我老公也生气地说：“这样下去可怎么成？”结果他越生气，孩子就越是号啕大哭。他才 3 岁就如此任性，真是让我头疼极了。

——3 岁男孩的妈妈

A 当妈妈看到自己的孩子冲朋友大喊大叫、大哭大闹的时候，想必非常尴尬吧。因此就会认为“现在必须得好好教训他一顿”，就更加着急上火，大发雷霆。这种方法虽然很耗精力，但很可能是在做无用功。

因为，孩子的哭叫吵闹并非怀抱恶意而起，他只是也有自己的烦恼罢了。因为不知道该如何表达，所以就胡乱地发泄出来。可以把这种行为理解成“求宠爱”。

这个岁数的孩子，你让他去考虑别人的感受那是勉为其难。他们认为自己的想法和别人的想法是一样的。下面我试着分析一下您孩子的心理活动：我想和自己最喜欢的朋友一起看绘本→他肯定也很想和我一起看（认为别人的感受和自己的一样）→对方却不愿意，拒绝了我→怎么会有这种事？！他明明是我最好的朋友。讨厌！我不相信！

对付这种情况有以下两种方法：

（1）在家里做好心灵储蓄

不能在孩子正哭闹的时候做，要等他安静下来。这是在帮他储备精神力量。

（2）大人教他设想未来

大人要告诉孩子："你的朋友可能并不想看绘本，而是想跟你一起去沙坑玩耍。""你和你的小朋友，有时候想做的并不是同一件事情。"像这样，让他渐渐明白自己的想法和别人的并不完全一样。

除了和朋友相处之外，有的孩子在没有买到心仪的东西时也会大哭大闹。在下一页里我会介绍相应的解决方案。

BEFORE

Point!
A 不能大声＋生气的语气
B 觉得妈妈没有理解自己的心情，就更生气

AFTER

point!

A 事前确认好

B 虽然明白但还是不开心

C 表示自己也和他一样觉得很遗憾

D 提出替代的方案

E 让孩子知道妈妈会与他合作

case 15 想请假不去幼儿园

Q 我家孩子最近总是说肚子痛，不想去幼儿园，但是早饭吃得好好的，也没有发烧。好不容易送去了幼儿园，回来的时候总是让我帮她换衣服、脱鞋子，可这些事情她明明自己就会做。我也问过幼儿园的老师，老师回答说：“她玩得很高兴呀，是个很乖巧的孩子。”

——3 岁女孩和 2 岁女孩的妈妈，目前正怀着第三胎

A 孩子能吃饭，也不发烧，但是“想请假不去幼儿园”。既然她还有一个没上学的妹妹，妈妈肚子里面还有一个小孩，那这个孩子心里八成是希望能多分得一点妈妈的爱：“我也想和妈妈一起待在家里。”她只是对妈妈撒娇而已。

虽然小姐姐已经到了上幼儿园的年龄，但是孩子才不管自己已经多大岁数了，她只想获得和其他兄弟姐妹同等的待遇。小姐姐就想和小妹妹一样待在家里。在这种时候该对她说些什么做些什么，我会详细介绍。

顺便提一下，如果等小妹妹到了上幼儿园的年纪，她可能会比小姐姐更顺利地入学。因为她就是看着小姐姐上学长大的，自己会萌生想去幼儿园的愿望。当同年龄的头生子或是独生子正在为不去幼儿园而吵闹时，她就很可能已经早早地背上书包上学去了。

虽然有兄弟姐妹就免不了会发生争执，但在这件事上也能看出来还是有不少好处的。就像育儿的过程一样，不可能总是经历同样的痛苦。

既然您还怀着第三个孩子，那就在小姐姐上学去的时候，多和小妹妹亲近亲近。

就算孩子没有要求，您也可以一边把她抱起来，一边说："你长大啦，妈妈都快抱不动了。"

这样一来孩子就有被宠爱的感觉，内心会踏实不少。小宝宝出生之后，也不会总是跟她争宠。

BEFORE

point!

A “肚子疼”不是重点，孩子想说的是“请假”

B “说什么呢？”会让孩子感觉是在责备他

C 想坚持自己的意见，所以说“但是”

D 不想在争论中输给妈妈，所以“不想去”就变成了“再也不去”

AFTER

point!

A　与孩子进行身体接触，她会觉得自己受到了宠爱，心里变得踏实

B　听她讲述细节

C　告诉她具体的应对方法

D　让孩子知道，如果肚子还疼的话，有妈妈在身边

case 16 送到幼儿园去的时候，哭着不让妈妈走

Q 每天早上我送孩子去幼儿园的时候，他总是哭着不让我走。虽然老师和其他妈妈都说:“过阵子就不哭了。”可这种状态已经持续了一年。他在幼儿园里也和别的小朋友相处得挺好，就是跟我分别的时候爱哭的毛病一直都没改。是我的教育方法出了问题吗?

——4 岁男孩的妈妈

A 孩子抽抽搭搭地哭，是想向妈妈撒娇的表现。但要是在其他妈妈们面前天天上演这样的场面，恐怕自己都想哭。年幼的孩子入园时，多少都有这样的行为。但一进去和别的小朋友见面后，就还是正常地玩耍。只有跟妈妈一分别就哭这点让人担心。妈妈也许觉得不能让他这么任性下去，但一看到孩子的哭脸，又会心疼不已。这就是妈妈的烦恼吧。

我的话可能不太中听，但说实在的，如果继续现在的教育方法，恐怕他还会继续哭下去。既然到现在都没有什么改变，那

是该换一种方法了。比起回想“原来的教育方法是对还是错”，不如赶紧使用新的方法，反而见效会快一些。

首先，在去幼儿园之前，尽可能多跟孩子接触。抱抱他，背背他，或者耐心地听他说话。可不是光听听就完了，要学着揣测这些话背后的想法，还要用“嗯嗯”、“然后呢”等语句鼓励他继续表达。

此外，晚上的正向增加心灵储蓄也很重要。我认为，孩子早上的心情是由前一天晚上的所作所为决定的。如果晚上哭着睡着，那第二天就会受到影响，情绪不高。所以晚上的时候要和孩子多多亲近。如果晚上陪他睡觉的话，最好能握着他的小手，贴着他的小脚丫。如果睡前给他读绘本，建议家长使用“亲肤育儿法”——让他坐在你的膝头听故事。

像我前面所说的那样，并非尝试去改变孩子，而是通过改变妈妈的做法，来潜移默化地影响孩子，可能会有意想不到的收获。

point!

A 给孩子留下了“男孩子不能哭”的印象，长大后遇到困难时容易伪装自己

B 如果说“别哭啦”就能止住哭声的话，那他应该早都不哭了

point!

- A 叫他的名字
- B 增加心灵储蓄的常用句
- C 把看到的情形直接说出来
- D 即使孩子没有要求也去抱抱他。在孩子不哭的时间里，多做一些正向增加心灵储蓄的行为

case

17 不会向老师和小朋友打招呼

Q 我家的孩子不会跟人打招呼。问她为什么不说话，回答是:“因为不好意思。”我希望她能明白打招呼这种行为是人际关系中重要的表现之一。在家里偶尔还会说“早上好”、“我开吃了”，但是声音特别小。我经常为此训斥她:“再大点声！”我很担心她以后会因为这个而遭到别人的嫌弃。

——4 岁女孩和 2 岁男孩的妈妈

A 不跟老师和小朋友打招呼是吗？“想得到妈妈的宠爱，但是却没有回应”的状况会让孩子变得消极。不仅如此，为了让孩子掌握礼仪，妈妈还不停地对她说“要跟别人打招呼”、“今天你打招呼了吗”，这样反而会让孩子对打招呼更加抗拒。而且，妈妈总因为孩子不打招呼而对她发怒，她就更不愿意张口了，这让她觉得自己要是这么做了就等于输给了妈妈。

不能勉强孩子非得跟别人打招呼。倘若过于严厉，反而会陷入“泥沼状态”。在这种时候，应当暂时把这件事放在一边。

比起提醒孩子，不如由妈妈先开口跟孩子打招呼——“小××，早上好！”

无论孩子有没有回应，都不要作评论。如果她也对你说了“早上好”，就应该表示认可：“说得真好！你真棒！”接下来，要把“问候别人会让自己心情好”的这种感受传达给孩子。教她明白“打招呼会让人心情好”这个道理，而不是“打招呼是应该做的事”。

如果孩子什么都没说，那也没有关系。千万不要去责备她为什么不回应。

这样的行为要持续上一阵子。经常用“名字＋早上好”、“名字＋慢走”、“名字＋欢迎回来”、“名字＋晚安”等说法，不管孩子有没有反应，按照妈妈的节奏来就是。在问候的话语中带上孩子的名字，这样会让他有认同感，内心就能踏实下来。一旦心里踏实了，就容易跟人打招呼。那些得到充分宠爱的孩子，不仅会主动跟人打招呼，还能很好地表达自己的想法。

point!

A　因为不想承认自己是个不合格的母亲，就把怒气转嫁到孩子身上

B　孩子还没有预见未来的能力，即便妈妈这么说他们的内心也不会有什么概念

point!

A　暗中提醒

B　最好不要让孩子听到，否则她会觉得自己是个连招呼都不会打的笨孩子

case

18 不会对讨厌的事情说“不”

Q 在幼儿园里被同班的小朋友夺走了自己的玩具，我家孩子也不敢说什么。虽然我经常告诫他:“如果别人对你做了讨厌的事情，一定要说不。”但无论说了多少次，也没有效果。身为男孩子，我希望他能更加坚强些。

——4 岁男孩和 2 岁男孩的妈妈

如果自己的孩子不会果断地说“不行”、“不要”，身为妈妈想必很是为难。更希望他能对讨厌的事情说“NO”，但是“NO”这个单词，并不是那么容易就能说出口的。其实身为大人的妈妈也是一样。如果老师希望您能成为 PTA（家长会）的执行委员，恐怕也难以当面拒绝吧。大人尚且如此，更不用说生性善良的孩子了。

如果孩子得到足够宠爱的话（心灵储蓄富足），他就能更直接地表达出自己的想法，能对别人说“NO”。

家庭与幼儿园比起来，后者是一个更难拒绝别人的场所。

所以我们需要在环境相对宽松的家庭里，让孩子多多练习说“不”。这样到了家庭以外的地方，他也能自然地表达出自己的想法。

不过，也用不着专门创造场景让他说“不”。首先，在孩子说话的时候，要适当地用“嗯”、“原来是这样”、“然后呢”等话语做出及时的回应。其次，在睡觉前，多跟孩子玩一些像是挠痒痒、骑大马等有身体接触的游戏。通过这些亲密接触，孩子能渐渐放下内心的防备。在做游戏的过程中，孩子能得到充分的宠爱，也可以自然地流露出自己的感受。

下面我可能要泼冷水了：孩子在幼儿园里跟谁都做了什么，是远在家里的妈妈掌控不了的。所以，把在家里能做的事情尽量做好就够了。为了培养孩子的自信和干劲，在家里好好地进行心灵储蓄吧。

而且您家里还有一个小儿子需要费心，就得更加有意识地给哥哥增加正向的心灵储蓄，这样大孩子能安心，也会给小孩子做个好榜样。

Point!

A　绝对不能说“你错了”，否则孩子的内心就会封闭起来

B　不管说多少遍“要坚强”，如果心灵储蓄没增加的话，他也不会变坚强

C　对于内向的孩子而言，妈妈说得越多，他越不想说话

point!

A　要全盘接纳孩子的话

B　重复他的话

C　心灵储蓄的常用语；平常就做好心灵储蓄的话，孩子就会勇于表达自己的想法

case 19 交不到朋友

Q 我家孩子好像在幼儿园里没交到什么朋友。每次去接她，都是一个人在玩。回家以后，也从来没听她说过“今天跟 ×× 一起玩了哦”这样的话，而且我也从来没有进入过幼儿园的妈妈圈。难道是因为我的原因吗，还是因为她是独生女?

——3 岁女孩的妈妈

A 成为母亲之后，总是会在无意识中拿自己跟孩子比较。如果孩子身上也有自己的优点自然会很高兴，如果自己在意的事情孩子在幼儿园里也有类似的表现，那就徒增烦恼。

事实上，你的孩子只有 3 岁。完全没必要现在就开始如此焦虑。往后和她一起玩耍的小朋友会越来越多。而且，她与这些小朋友的相处方式，与自己在家受宠的方式之间也大有关系。在家被好好宠爱的孩子，和很会宠爱孩子的父母，双方都同时增加了心灵储蓄。这样一来，往后也能很好地与其他小朋友和大人相处。

不过年仅3岁的孩子从发育阶段来看，跟同龄人的交往能力还很薄弱。自己想玩就玩，偶尔会想到跟周围的小朋友一起玩耍。

在孩子学会与其他小朋友相处之前，首先得能和妈妈一起快乐地玩耍。只有在自己最亲近的妈妈身上得到充分的游戏乐趣之后，她才会安心地进入下一个阶段——与同龄人交往。在案例18中就提到过，在家中待着的妈妈无论怎样忧心，也管不了自己的孩子是不是在幼儿园里跟其他的小朋友玩。不过，只要在家里妈妈能经常陪着孩子玩耍，那么她到了幼儿园也会跟别人玩。

育儿并不是一蹴而就的事情。虽然挺令人丧气的，但其中还是有很多妈妈能起到作用的地方，明白了这点就会感到轻松一些。妈妈首先要做到的就是多陪孩子玩耍，不停地把自己的爱意传达给孩子。这样的话，孩子也会慢慢茁壮成长，变得更加积极向上。

point!

A　妈妈把自己的不如意转嫁到孩子的身上

B　认为描述得严重些孩子就会有所改变，所以就说了重话

C　孩子也觉得自个儿不中用，变得更加沉默寡言

point!

A 如果妈妈有时间的话，尽量陪孩子一起玩耍

B 让孩子来选择

C 妈妈不做决定，留给孩子去思考

D 心灵储蓄的常用语

case

20 不跟妈妈聊幼儿园的事情

Q 孩子从幼儿园回来时，总说“没什么有意思的事情”。也从来不跟我说幼儿园里都发生了什么。是不是我不该问？这让我觉得很不安。

——4 岁男孩的妈妈

A 孩子只能记住最近 2—3 个小时内发生的事情。因此，即便上午玩得很开心，到了下午也会觉得好像什么事都没有发生过。因此就会说：“没什么有意思的事情。”

孩子倾向于诉说一些令他感动的、惊讶的、感兴趣的话题。如果他无话可说，可能只是觉得“没什么值得说的，跟平时一样”。

当然有必要问问孩子幼儿园都发生了什么事，不过你听到的未必就是正确的信息。可能 100 个字里面只有三五十字是真实发生过的情况。无论问得再细，所知道也只是事实的一部分而已。

母亲都会担心孩子在幼儿园适应不适应，是不是听话乖巧。如果确实感到不安，我建议不要只跟孩子讨论幼儿园的事情，而是在平时就有意识地多听听他说话。

要怀着“他说这个的意图是什么”、“背后隐藏着怎样的感情”这样的问题去倾听孩子的表达，想必孩子会更愿意诉说。

无论男女老少，人都是一种希望自己的情绪能被理解的生物。如果对方不否定自己的看法，愿意倾听的话，人就会更有表达的欲望。相反，如果刚一张口就被人指责“你错了”、“这样不行”，那内心的开关就关上了，不想再说真心话，以免受到伤害。

可能孩子不怎么想说幼儿园的事情，越是这样，家长越要做好倾听者的工作。如果自己的话被人认真听取，孩子的心就会踏实下来，觉得自己得到了认可。这就是聪明地宠爱孩子的方法。这样一来，孩子就自然而然地想要主动表达一些东西，也更有干劲和精神了。

point!

A 模糊的提问会让人难以回答

B 不能否定孩子的话；如果你没有站在孩子的立场上肯定他的表达，孩子的内心就会封闭起来

point!
A　用“做了 ××”提问的话，孩子就容易回答“做了 ××”
B　接着再用“什么”提问
C　因为回答起来很容易，所以就更愿意多说一些

case

21 不想去兴趣班了

Q 我家孩子说不想再去上游泳班了。都上了一年了，现在刚给她换衣服，她就哭个不停。如果听她的就不去上了，这算不算溺爱啊？

——4岁女孩的妈妈

A 算不上溺爱。孩子之所以不想去游泳班，主要有以下四个原因：

第一，疲劳。她才只有4岁，光是在幼儿园里的活动就已经占用了她很多精力。在这种情况下，孩子可能因为体力跟不上而不想去游泳。你可以再观察一段时间。

第二，离开妈妈觉得孤独。年纪小的孩子一旦发现自己和妈妈分开了，就会产生恐惧感。所以在家的时候要多和她交流，正向增加心灵储蓄。不过这个孩子既没有其他的兄弟姐妹，迄今为止也没出现过别的状况，这一条可能不适合她。

第三，与游泳班的老师和同学之间关系不亲近。游泳班的规矩是考试合格之后，会进入一个水平更高的小组，老师和同学也都换人了。如果和新的同伴相处不好，她就不愿意再去。如果是因为这个原因不去学游泳的话，可能是同伴才更换了不久，所以最好再坚持带她去几次。再说了，游泳这种事是越学越精。如果能长期学下去的话，在幼儿园里游泳的时候，就会比那些从来没有练过的孩子强不少。即便只是为增强她的体质，也是很有必要继续去学的。

第四，这项运动并不适合这个孩子。她可能在学习之前对某个项目很感兴趣，但一旦真的去学，可能就不喜欢了。练游泳得每周去泳池，练钢琴得在家里不停地弹，他们很快就厌倦了。如果坚持两三个月都没见好转，那就不要在同一个项目上浪费精力了，应该考虑让她换一个项目。只要你对孩子上心，就无所谓“溺爱”。

point!

A 不管怎么跟孩子说，也不管用
B 拿“大家”说事儿，孩子也没有什么概念
C 自己的想法被无视了，觉得很痛苦
D 不知道该说什么好，就用了强硬的语气

point!

A　重复她的话

B　一边听孩子的话，一边鼓励她去游泳；保持这个节奏的话，等她取得了进步，就会主动去了

Case

22 过了约定的时限，还想玩游戏机

Q 我家的游戏时间限制是 30 分钟。但孩子总是无视这个限制，一直在玩游戏机，导致做作业的时间越拖越晚。我希望他能明白遵守约定的重要性。为了不宠坏他，是不是应该一到时间就把他的游戏机收起来？——8 岁男孩的妈妈

A 孩子很容易成为游戏的俘虏。游戏本来就是以让人们玩不腻为目标设计的，孩子当然爱玩。与育儿有关的问题就在于到了约定时间他却停不下来。您家里是以 30 分钟为限，等过了 30 分钟，孩子才会突然意识到“不能再玩了”。但是，游戏是分阶段的，如果恰好在 30 分钟内无法结束一个阶段，他就想等通过这一关再收手。倘若在 30 分钟内已经完成了一关，他也绝不会就此结束，肯定还想再多玩一会儿。所以 30 分钟的游戏时间很快就变成了 40 分钟、45 分钟。所以在一开始最好能留下 10—15 分钟的机动时间。要真是超过了 1 个小时，游戏时间成了约定的两倍长，那时候再说他也不迟。最多不能

超过20分钟，总共给他留50分钟的游戏时间比较好。而且，从开始玩到25分钟之后，就要不停地提醒他："马上就到30分钟了"、"已经30分钟了哦"、"超过30分钟啦"，但不要惹他生气，起到提醒的作用就好。要还是玩得停不下来，那就对他说"玩的时间太长对眼睛不好"，提醒他注意身体。

大人们总是认为"如果孩子不遵守时间，那就得把他的游戏机收起来"。但我认为与其没收他的游戏机，不如让他从现在就开始学习该如何正确地使用游戏机。这点很重要。我猜想不久后游戏机可能就要退出历史舞台了。在手机越来越普及的今天，手机游戏会更多地进入人们的视野。游戏本身是有趣的，但人不能为游戏所束缚。孩子通过不断积累玩游戏的经验，他总有一天会明白该如何正确对待它。

BEFORE

point!

A　没通关就不想结束

B　最喜欢的游戏机被收走了，引发了强烈的反抗

C　追究谁的责任完全没有意义

point!

A 虽然是在应付，但已经知道打通这一关就得关机

B 关心他的身体

case 23 不做作业

Q 我家孩子在做作业时总是不停抱怨“不想做这样的作业”、“为什么非做不可呢”之类的话，总是拖到很晚才开始写作业，在写的过程中也磨磨蹭蹭的。我希望他能主动完成作业。

——8 岁男孩的妈妈

A 我觉得在家做作业一般都比在学校学习的难度高一些。并不是说题目有多难，而是家庭这个环境让孩子无心写作业。在学校学习的时候，他有很多同学陪伴，也不会有“数学太难了，我还是去操场上玩耍吧”之类任性的念头。但回到家之后，没有必要马上就得写完作业，而且还能肆无忌惮地聊天。所以他就会抱怨，作业完成得也不及时。我建议把作业从“必须完成的事情”转变为“努力去做的事情”。有的家长对孩子使用物质诱惑法——“写完作业就给你买玩具！”可能一时会有效果，但是往后一直用这种方法的话孩子很快就没了兴致，还会不写作业。如果这时对孩子说：“你要再不写作业以后就不给你买玩具了！”反而会招致孩子的逆反心理。

此外，孩子除了有学校布置的作业，还会有补习班的作业和兴趣班的作业，他的任务量很大。孩子很难把这些任务按照时间和内容分配好。这个时候妈妈就应该帮孩子把作业分成“晚饭前要做的”和“晚饭后要做的”，并注意提醒他：“晚饭前能完成 ×× 吗？”

而且，在他写作业的过程中，要不时地去摸摸他的头，给他鼓励——“完成了一页呢，真棒！”如果等到全部写完后再去表扬他，很可能到了中间就没劲头写了。

如果孩子到了某一个阶段不能一个人完成所有的任务，那妈妈就有责任为他提供帮助。

除了刚才讲到的不时给予鼓励之外，还要多向孩子传授经验：“怎么做才能把作业全部完成。”一旦孩子掌握了学习方法，即便妈妈不在身边指导，他也能独立完成，而且会逐渐完成得更加迅速。

point!

A 不仅没有认可孩子写作业的行为，还强加上了妈妈的要求，这种做法非常不可取。

B 不应该把责任转嫁到老师身上

C 觉得自己被否定了，内心焦躁

D 孩子一开始就没有明白你的意思，说再多也没用

E 妈妈的啰唆只是一种“自卫”行为

point!

A 虽然比预计的时间晚了一些，但是非常认可孩子写作业的行为

B 用身体接触的方式表示宠爱

C 中途也鼓励他

D 对男孩子很有效的句子

E 帮他做好安排

case 24 作业写得慢

Q 本来跟孩子约好回家后先写作业再玩耍的，但最近她经常不写作业就想出去玩。回家后也是一门心思玩游戏，根本没有要写作业的迹象。不管我问多少次“作业写完了没有”，她都没反应。总是等到 8 点多钟才开始慢慢腾腾写作业，导致睡觉也晚。

——6 岁女孩的妈妈

A 孩子上了小学之后，家长总希望她能好好学习。这种愿望没有错，但孩子是不是真的在好好学，这可说不定。就像我在案例 23 里提到的那样，不写作业并不是孩子在撒娇。

特别是 6 岁的孩子，体力还不够用，如果一回家就让她耗费精力写作业，很容易招致她的反感。特别是越到高年级，回家越晚。等天冷的时候，因为天黑得早，就更想抓紧时间先跟朋友在外面玩耍。那写作业的时间自然也就推迟了。如果她回家之后，妈妈能对她的作业做一些指导的话想必能更加顺利地完成。

有时候孩子作业写得慢，很可能就只是因为没有读懂作业的内容。特别是对于低年级的小孩而言，看不懂问题说的是什么，或者从来没有答过这样的题，就会认为“这个我不会做”。更不用提作文或者读后感了，他们完全不知道该从哪里下手。

在这种情况下，再怎么冲孩子发火也无济于事，应该和她一起去解决问题。只靠说的有时候孩子不容易明白，必要时建议在纸上给孩子画出图形或表格，用直观的方式帮助她理解。

等她升上高年级，就可以让她自己独立完成了。在她做作业的时候及时给予鼓励——“做得不错呀！”多认可她的行为，会让孩子心情愉快，从而积极地完成作业。

这样帮她完成作业并不是“溺爱”。如果孩子独立完成作业的速度很慢的话，不要生气，得教给她学习的方法。

BEFORE

point!

A　不要总是用命令的语气，孩子会觉得很被动

B　妈妈先把孩子的想法给否决了，一味使用强制的语气

C　放弃孩子的说法不可取

D　跟妈妈吵架了，孩子心里很难过

point!

A　把作业分成几个部分

B　妈妈不生气的话，孩子就会坦诚地说出来哪里不会

C　在纸上画出步骤，告诉她解题的方法

D　孩子做对了题就及时表扬，有助于培养她的自信，往后就会顺利得多

E　夸她是个能干的孩子，可以让她的干劲更足

case

25 孩子做作业注意力不集中

Q 我家孩子在写作业的时候经常边写边玩。他最不喜欢生字练习，写的时候没有一点精神，总是拖拖拉拉的。平时我也经常批评他要集中注意力，但是没有任何作用。我还有一个5岁的小儿子，晚上我经常陪他一起看电视。

——7岁男孩和5岁男孩的妈妈

A 在大儿子已经上小学而小儿子还没上学的这段时期，让他们在家里学习要比想象中困难很多。小儿子看电视、玩玩具的时候，大儿子却要专心学习。年龄不同，自然做的事情也不同。但是大儿子会有“只让我一个人学习”的感觉。

妈妈可能会认为这孩子“注意力不集中，总是完不成作业”，但孩子并非故意这么做。写作业的时候外面有精彩的电视节目在刺激他，注意力很容易就被分散了，结果就不能专心做作业。

在这种情况下，孩子并没有错。如果硬要冲他发脾气，也不会有什么变化。那到底该怎么做呢?

在语文学习中,需要“听说读写”全面发展。对孩子而言,总会有擅长和不擅长的方面,例如“说得很流利但是听力不好”。特别是遇到与生字书写有关的作业时,“书写”能力薄弱的孩子一见到那么多的字要写,他所承受的压力比父母想象的还要重。可能家长觉得“只是写写字而已”,但对他们而言是一种痛苦。在这种时候,妈妈不要认为“孩子自己写作业天经地义”,而是要给予他支持和协助。您的家庭中还有一个没上学的孩子,妈妈平时在他身上花的时间相对比较多,所以这个时候应该多宠爱大儿子一些。比如,与他产生共鸣——“电视机的声音太大了吧”,对他的进度表示认可——“都写完一半啦”,等等。他一旦意识到写作业的时间就是得到妈妈爱护的时间,自然就会集中精力去完成作业。

point!
A 孩子不明白做到什么程度才叫作“好好地”
B 对孩子来说，越是不喜欢的才越要放在后面，所以他不理解妈妈的说法

AFTER

point!

A 刚一开始写作业就跟他打招呼
B 对于不喜欢的事情总是夸大其词
C 重复他的话
D 认可他能做到的事情，孩子就会有干劲
E 当孩子做不擅长的作业时，可以以 10 分钟为限；他做好的部分要及时提出表扬

case 26 孩子不认真审题

Q 我家孩子做数学题时总是不认真审题。做得飞快却老是弄错加减法。也不是不会做，就是总马马虎虎导致丢分。往后的学习越来越难，希望他能早点改掉这个毛病。

——8岁男孩的妈妈

A 孩子总是倾向于用最少的精力去解决问题。还没有好好看题，就满以为“这个肯定是加法”，就把题目中的数字一个个加起来完事。特别是一看到超过三行的文章，就马上认为“这个我看不懂”。这明明只是小学生的作业题，只要好好审题肯定能明白的，但是他在一瞬间就得出了“不会做”的结论。可能他在语文学习中，对于“阅读”的能力掌握得还不够好。

其实这种事情在大人之间也很常见。新买回来的家用电器，有的人看完说明书后才启动机器，有的人直接就去找开关。

学校生活是家庭生活的延长线。妈妈要在自己的阵地——家庭中做好孩子的教育，等他到了学校之后自然会变得更顺利。

第一步就是阅读练习。妈妈先把问题念给孩子听。不擅长读题的孩子，一旦遇到需要自己解决的问题，就会觉得“读题真麻烦啊”。如果有人帮他把题目念出来的话，那么只用三分之一的精力就能理解题目的意思。也就是说，一般“阅读”能力不佳的孩子，反倒很擅长“倾听”。

然后，在读题的过程中，一遇到与计算有关的关键词，妈妈就在上面做一个浅浅的记号。例如，一遇上“合并”、“全部”、“整体”等词汇，就说明要用加法；遇到“相差”、“哪个多”、“剩下的”等短语，就知道得用减法。妈妈每次都要耐心地向孩子说明“在题目之中，总是隐藏着解答的关键词”。如果只在意孩子的分数，总用“考到100分就给你买游戏机”这样的物质诱惑来“鼓励”孩子的话，长此以往，孩子总有一天也要跟你讲条件——“给我买了游戏机我才学习呢！”

point! A 先说这种话，孩子会觉得莫名其妙

B 因为不想做，所以就随便应付

point!
A 知道有作业，但还要专门去问
B 告诉他“寻找关键词”的学习方法

case

27 骗家长说去了补习班

我家孩子每个星期有两天需要在晚上5点钟的时候去补习班。但是最近他明明没去，却骗我说去了。我全天都得工作，没有时间送他，都是他自己一个人去。去补习班这事也是跟他说好了的。他去没去我只要问问老师就知道，可他为什么还要骗我呢？

——7岁男孩的妈妈

妈妈发现孩子撒谎了，所以担心纵容的话就会惯坏他。其实孩子并非心怀恶意而说谎，他的初衷只是想保护自己，结果就说了假话。

这个孩子刚开始可能并不是有意逃学，“玩得正高兴呢，一下子就到5点了，就没来得及去补习班”。这样的事情很多，我在前面已经提到过，孩子的时间观念很差，比起墙上挂着的钟表，他更遵从自己内心的时间。

孩子也不会预测未来。虽说去补习班这件事是跟妈妈说好了的，但这发生在去补习班之前。等他认识到现实是“去补习班倒也没什么，但是玩耍的时间变少了”因而“不开心”之后，就起了逆反心理。其实很多大人办事不也是“说着容易做起来难”吗？

此外，孩子也明白“如果妈妈知道我没有去补习班的话肯定会生气”，只好打算“装作去过补习班”，但是他没有料到妈妈会和补习班的老师确认。

孩子一旦感觉到自己有遭到责备的“危险”，就会触发本能的动物反应——逃跑、藏起来、说谎，或者攻击父母。为了保护自己，他会用很多“招数”。面对如此不知所措、不会预见未来的孩子，至少要教他明白将来会发生些什么。我会具体介绍该怎么做。

point! A 上来就责怪他，让孩子不知道该说什么好

B “为什么”让孩子觉得受到了责备

AFTER

point!

A 重要的事情要让孩子自己说出来

B 看到纸上的话就容易想起和妈妈的约定

C 用一起想办法的方式让孩子也参与思考

D 让孩子觉得去补习班并不是理所当然，而是一件非常了不起的事情；把话题转移到这上面能够加深孩子的印象，不容易忘记时间

Case 28 不做好上学前的准备

Q 最近我家孩子总是在上学前的准备上磨磨蹭蹭，浪费时间，让我很无奈。他只要一开始看电视，就入了迷，什么都忘了做。我一生气就把电视给关了，他还朝我发火。附近的孩子都会在固定的时间集合，然后一起去学校，而他最近总是最后一个才到。住同一栋楼的一年级孩子都能提前到位，我希望身为高年级的儿子能给他们做个好榜样。在天气寒冷或者酷热的日子里，一想到大家都在等他就觉得特别丢人。

——8 岁男孩的妈妈

A 在整栋楼的孩子都整装待发的时候，身为妈妈，确实不愿意见到自己的孩子迟到。如果继续发生这种情况，会把孩子惯坏。那该怎么做才好呢？

首先，要把孩子当成一辆车来看待。与车一样，孩子也不能突然发动或者突然刹车，这对自身的损害很大。

然后，在出发前，要多问上几次，例如：“已经 7 点 10 分了，你准备好了吗？”“7点15了哦！”“都7点20了，还来得及吗？”以此来提醒孩子注意时间。

如果带着怒气说这番话，很容易导致孩子产生逆反心理。所以要用温和的语气来问他。此外还需注意不要过于频繁地提醒，只要让孩子提起注意就好。

下面来说说电视的事情。如果孩子没有看电视的习惯还好，但是据你所言，这个8岁的孩子恐怕已经养成了早上看电视的习惯吧。所以，如果只因为家长的一己之见就把电视关掉，恐怕他难以接受。看电视一旦与教育孩子联系起来，就会变得棘手。

不过，倾心于电视的孩子其实并没有什么坏念头。他只是单纯地想看而已。因此，就要启动“提醒大作战”。具体的实施方法我会在后面介绍。用不着发怒，只要提醒到孩子就可以。发怒会减少孩子的心灵储蓄，结果造成事与愿违。

point!

A 责怪孩子的语气

B 到了高年级,孩子会变得游刃有余,反倒是低年级的孩子会集合得比较早

C 上学路上孩子早已习惯了酷暑寒冬,这句话起不到什么作用

AFTER

point! A 靠近孩子+把手放在他的肩上→引导他回到现实世界

B 本身并不想让妈妈为难，只是忘记了时间而已

case

29 在家发泄对朋友的不满

Q 同年级有一个孩子，毫无理由就把我家的孩子给打了。而我的孩子没有当场说:“住手！”反倒是回家之后一直抱怨个不停。我是不是该直接跟老师说，还是去找那个打人孩子的家长呢?

——7 岁男孩的妈妈

A 听到孩子的抱怨和不满，想必妈妈的心里也很难受。妈妈觉得孩子就是自己生命的延续。自家孩子获奖了，妈妈会像自己得了奖一样高兴；如果孩子被欺负了，妈妈也同样会难过。有人认为妈妈没有必要这样大喜大悲，在他们看来，这有点像滑稽的模仿秀。

在我看来，正是因为妈妈对孩子的体验感同身受，才能够在孩子生病时，彻夜不眠不休地照顾他。因为孩子的痛苦就是自己的痛苦。

这位母亲希望自己的孩子能更加强势一些。但是不管妈妈说多少遍“你要变强”，孩子也强不起来。说到该如何是好，自然就是聪明地宠爱孩子，就是用正向增加心灵储蓄的方式来提升孩子的自我肯定感。这样一来，同年级的孩子就不会去欺负他。即便是偶尔受到了欺负，也不会觉得有多么痛苦。

如果妈妈的话太多，内向的孩子就会越来越没精神。妈妈过于注意表达自我的话，孩子就只能在一边听着，慢慢地就不再说出自己的想法。首先，妈妈要改变自己“倾听”的方式。当孩子在说话时，中途不要打断他，并对他的发言表示肯定。通过这种宠爱他的方式，孩子会变得更坚强。

此外，喜欢随便打人的孩子，往往内心处于不稳定的状态，所以就爱欺负同学。妈妈可以委婉地告诉老师要多注意孩子们的状态，必要的时候要加以干涉。尽量不要直接与打人孩子的家长对话。

point!

A 虽然妈妈说得对，但是有必要体谅孩子的心情

B “你也有错”是禁句；这样会导致孩子封闭了自己的内心，不说出真正的想法

point!

A　把孩子背后的感情用语言表达出来

B　表现出与孩子相同的感受，孩子会愿意多说一些

C　不用“该……”的句式，而是用“换作妈妈的话”来提出自己的建议

case 30 在学校开放日故意捣乱

Q 在学校开放日那天，站在教室后面看到我的孩子一直在故意捣乱：做鬼脸，又蹦又跳……真是让我脸红到脖子根，当时就想跑到他身边好好教训他一顿。我也问过老师，老师说这孩子平时也不这样。——6岁男孩的妈妈

A 开放日那天，学校里都是其他孩子的家长，所以希望自己的孩子能表现得沉稳一些。可为什么偏偏在这个日子里，孩子却故意做鬼脸，跳来跳去呢？

虽然孩子这个样子，但他却没有意识到自己在“做错事”。如果家长误认为他是故意找事，那肯定要采取各种各样的惩罚措施了。

老师提到这孩子平时不这样，也就是说，他只是想对来参观的妈妈们表示：“我在学校就是这么活跃哦。学习起来很轻松！在同学中间可是很有影响力的！快看我！赶紧看我！是不是很帅啊？”

这种表现方式显而易见是错误的，但也是向妈妈撒娇的一种方式。

孩子还是一个很不成熟的社会成员，每天都要犯各种错误。面对这样的孩子，妈妈应该怎么办呢？

大发雷霆，还是置之不理、任其发展？其实这两种方法都不对。对待没有恶意的孩子不管你怎么生气，他也不知道你气在哪里。放任不管的话，孩子就会误以为你认可了这种表达方式，往后还会继续这么做。该怎么让孩子认识到自己的错误，我会在下一页中做详细的介绍。

随着时间的流逝，孩子会忘记你说过的话。因此，在下一个开放日到来之时，还要对孩子说一遍同样的话。这次认真地向他解释过后，下一次只要稍微提醒他就能想起来。

point!

A “你……”是责备孩子的常用句式

B 孩子不觉得自己做错了，所以没有反应

C 知道妈妈生自己的气，但不知道往后该怎么做，只剩下厌恶和反感的情绪

point!

A 没有受到责备，所以敢于承认
B 以“妈妈”作主语
C 刚刚才意识到自己的错误
D 不用“应该……”而是问“……好吗？”

第三章

给妈妈的育儿处方笺

无论妈妈多么想好好宠爱孩子，总会遭到来自丈夫或者祖父母的阻碍，或者自身的条件限制，以至于无法顺利进行。

本章中就会讲到在这样的情况下妈妈应该如何应对。

丈夫花掉了孩子的心灵储蓄

在孩子出生之前，父母二人在育儿方面的理念还是非常相近的。

但是，不管是什么事情，只有长时间把精力花费在这上面的人才会做得越来越好。工作也好、学习也好、兴趣也好，只要练习的时间越久，一般都能取得相应的成绩。所以，**积累了很多失败和成功经验的妈妈，在育儿方面确实比爸爸强得多。**

假设，有个妈妈是急性子，爱发怒。如果一直保持这个脾气，孩子不仅不会有什么改变，反而可能会因为妈妈总是生气而内心变得惶恐不安……然后妈妈就会开始反省自己这么做是不是不好。于是就会去找很多人商量（我的电话咨询也算在内），去翻阅书籍等，寻求解决之道。她会慢慢地做一些“局部改造”，采用“除了发怒以外的方法”来教育孩子，考虑“如果我这么做孩子会如何如何”……耐人寻味的是，现在妈妈开始看不下去丈夫的一些做法了。

“怎么能为这种事情生气呢？这人真是！”

“哪有像你这么说话的。孩子该闹别扭了。”

如此这般，开始从一个客观的角度审视丈夫的所作所为。

“丈夫消耗了孩子的心灵储蓄！这该怎么办呢？”

能有这样的想法，**证明妈妈在育儿方面已经是“高年级学生”了。**

那么，具体怎么做才好呢？

我觉得，这个时候应该把丈夫当作“一个刚进公司但是年龄比我大的后辈”来看待。他虽然年龄比自己大，但在工作方面还是个新手，所以还需要我来指导他的工作。虽说如此，倘若我不留情面地对他指手画脚，他肯定会生气……不说的话他又不懂，但说得太多又要被讨厌，这个关系的确挺难处理。

丈夫就是这种类型的人，所以妈妈要是直接对他说“你这么做错了”，那肯定是要闹别扭的。

因此，不要想着去改变你的丈夫。妈妈首先要做的就是，**让他看到不发火也能教育好孩子。**

不必说“照着我的样子做”，丈夫一看到妻子宠爱孩子时开心的样子，自己也会忍不住想对孩子好一点。

是不是丈夫也曾对你说过：“你这么做错了？”那肯定是在孩子调皮的时候才会这么说。如果孩子很乖巧，他就会认为妻子的教育方法很OK。所以要慢慢地把丈夫拉入自己的育儿模式中来。

这跟“减肥”有相似之处。当你看到减肥成功的朋友时，肯定要关心他都做了些什么变得这么瘦？然后你就会尝试使用朋友的方法。

首先，你要学会巧妙的育儿方法，然后让丈夫看到你的成果，慢慢地影响他。

平均来说，**爸爸要比妈妈晚 5—10 年才能成为一名合格的家长**。虽然现在也出现了“奶爸”这样的名词，说明爸爸也逐渐参加到育儿活动中来，但就一般而言，因为与孩子相处的时间相对较短，所以想要爸爸得心应手地教育孩子，还需要花费相当长的时间。

如果确实有希望丈夫改正的地方，也**不要直接否定他，而是委婉地表达出自己的想法**。

例如：“你的做法也并没有错。但是我最近都不怎么生气了，而是先听听孩子怎么说，没想到还真的挺有效果。”人们都讨厌别人改变自己，所以不要说：“你总是容易生气。”确实想表达这样的看法时，也要尽量选择在爸爸和孩子接触之前的时机。虽然很花功夫，但是丈夫肯定会成长起来。

婆婆总是说“爱孩子是害了孩子”

婆婆那一辈的人口中所说的“爱”，比本书中提到的“宠爱”的意思还要更强烈一些。

他们认为，不能什么都听孩子的，不能孩子要啥都给买，包括“宠爱”孩子的表示——抱抱或是背背也不能总做……

大家已经在本书中了解过“宠爱”和“溺爱”的区别了，但是婆婆那一代人好像怎么都想不通。我该怎么办呢?

首先，婆婆之所以说“爱孩子是害了孩子”，是因为她看到了孩子不好的表现。自然就会联想到“都是妈妈惯坏了他”。

也就是说，只要孩子表现得体，她们就不会有那么多埋怨。

所以，妈妈们就当“爱孩子是害了孩子”这句话是**检验孩子有没有调皮的标准**吧。

如果被婆婆这么说了，你就回答:“可能是这样吧。我以后会注意。”

或者说:“幼儿园（学校）的老师讲的，只要孩子想让大人抱抱、背背，那不管多大年纪也都得满足他这个愿望。”借老师之口来反驳就好。

婆婆可能听不进去儿媳或女儿的意见，但如果是老师这么说，她多半也就会接受。

婆婆们都有把孩子顺利培养大的自负，所以**否定她们的想法是很不明智的**。

不要用“但是”这种否定性的词语，而是用“可能”这样比较温和的说法去回复她比较好。

你的婆婆或者妈妈把你们这一辈抚养长大的方法，也是她们判断你的育儿方式的标准。

她们年轻时候生育的孩子数量要比现在的父母生的孩子多得多，五六个甚至是七个孩子都很正常。在没有多少电气化商品的年代，商店的数量自然也比现在的少。在生活的种种不便之中，她们还要干农活，还得养活这么多的孩子，比起现在的妈妈想必更容易在怒火中教育孩子。

另外，孩子越多，被训斥的概率也就越少。可能有时候就逃过了“一劫”，或者是看到其他的兄弟姐妹挨训，自己也就长了个心眼，不去做同样的事情，以免找骂。

而在如今的家庭中，有三个孩子那就算多的。如果还用跟上一辈训孩子的那种气势来教育孩子的话，恐怕孩子受到的伤害更大。从这种方面来考虑的话，平时更应该好好地宠爱他们，做好心灵储蓄，把他们教育成自我肯定感强的人。

也只能说“时代不同了”，所以育儿理念也不同。希望妈妈们能够理解婆婆那一代人和自己这一代在育儿方面的差异。

当然，确实也不能孩子说什么家长就去做什么，这本身就不现实。

如果孩子提出了无理的要求，家长也不能上来就生气，而是要听听他到底为什么要这样说，再采用我在第二章中提到的那些应对策略。

孩子的心灵储蓄足够多的话，就不会提一些无理的要求，你说的事情他也能够明白。

心灵储蓄看上去很费功夫，但却是让孩子内心踏实下来的最好方法。

如果能让婆婆也明白这个道理，双方一起给孩子增加心灵储蓄的话，那就最好不过了。

妈妈累得筋疲力尽

在育儿期，妈妈根本没有休息的时间，各种事情接踵而至。特别是有两个以上孩子的母亲，更是需要给每个孩子都留出照顾的时间，自己完全不得闲，没有年假，没有病假，没有工资和奖金。

比起这些，妈妈们更为缺乏的东西就是——认可。

孩子要是没有得到肯定，内心就会不踏实，妈妈也是一样。都为育儿牺牲到这份儿上了，如果没有得到过任何肯定，妈妈也是会闹别扭的。经常有人说：“把孩子培养好是理所应当，没教育好那就是家长的责任。”育儿确实是一件非常难的事情。

不过，孩子也让身为母亲的我们注意到很多事情。像是“不擅长跟别人打交道”的人要是也使用“密室育儿”方式的话，恐怕很快压力值就要爆表。即便是不擅长，也必须要与其他人交流才行。

此外，对于上班族妈妈而言，自己一个人既照顾孩子又要操心工作，还要做家务，时间肯定不够用，所以有必要借助他人的帮忙。学会“撒娇”也很重要。

育儿的确是一件非常繁重的事情，如果孤军奋战，所面对的压力一般人承受不了。既然有了孩子，**就要考虑如何才能多少减轻一些自己的负担。**

一个人的努力是有限度的。各个家庭的情况不尽相同，做妈妈的要积极地寻找能够支持自己的人——丈夫，还有丈夫以外的人，以及能在一起轻松讨论育儿的朋友、即使收费但能让自己放心托付孩子的场所、可以带着孩子一起去的学习班，等等。这样的“储备”越多，妈妈的负担越轻。

孩子在让你感到困难的同时，也在暗中教会你“不能一个人在战斗，要学会寻找其他能帮到自己的方法”。育儿，真是一门深奥的学问。

妈妈的内心容易动摇

孩子本来就是不成熟且内心不踏实的一类人。而和孩子24小时都待在一起的妈妈又会如何呢?

其实，妈妈的内心也会变得不安。

例如，妈妈会像孩子一样，很容易生气或者哭泣。妈妈总是把自己的情感寄托在孩子身上，等自己发觉的时候，才认识到自己经常产生跟孩子的一样的反应，开始变得“孩子气”。

而且，育儿并不是一件只要努力就会有结果的事情。在学习上、工作上的确是一分辛苦一分收获，但并**不是只要妈妈自己努力就可以顺利地把孩子养大**。妈妈总会有一种无力感。

没有一个人在育儿过程中是自信满满的，大家都有感到迷惑和不安的时候。但**并不是每个人都会对别人说起自己的辛苦**，因此有的妈妈就会误以为“只有我一个人不安”，“就我一个人教育不好孩子”。

以上的诸多因素，都是造成妈妈内心不踏实的原因。其实妈妈们大可不必就此消沉下去。

我以前曾在很多学校做过儿童心理咨询的工作，遇上过各种各样性格的孩子，却没来没有为怎么应付他们而发愁。因为**只要正向增加他们的心灵储蓄，基本上就能解决所有的问题**。

不否定孩子的话，成为他的朋友，听他讲述到最后。即使是谁都明白的道理，只要孩子说出来了，就要积极地用话语去肯定他。对待小孩子，可以一边聊天一边握住他们的手；对待大孩子，则可以拍拍他们的肩膀。在聊天的过程中，要不断思索："我该怎么做才能鼓励他呢？"我一周只上一天到两天的班，但每次我都坚持对他们这么做。这样一来，孩子的心理恢复状况快得让人吃惊。

当妈妈发觉孩子有什么反常的行为时，这正是增加心灵储蓄的好机会。不要想着去"改变孩子"，而是在力所能及的情况下，每天多和孩子亲密接触，正向增加心灵储蓄。这样不仅孩子会发生变化，妈妈的内心也能渐渐踏实下来。

老生孩子的气会导致自我厌恶

在育儿过程中，总免不了要生气。

怒气冲天、唠唠叨叨的行为会消耗孩子的心灵储蓄，没有比这个后果更严重的事情了。但是，恐怕没有一位母亲从生下孩子到现在从来没有发过火。世间所有的妈妈们，都是在怀着大大小小的怒气中把孩子抚养长大的。

你是不是认为，妈妈之所以会发怒，全都是因为孩子做错了事?

实际上，**如果妈妈总是生气，除了与孩子有关之外，更多原因是在于妈妈的心理状态。**

假设每天早上住在附近的同学们都会集合好再一起去上学，而自家孩子每回都要比约定时间晚上一阵子才能到。这个时候妈妈生气，并不只是因为孩子出发得晚，更多的是太在乎周围邻居的看法。

妈妈认为自己非常丢脸，给邻居添了麻烦，会被贴上“那个总是迟到的孩子的妈妈”的标签，连年纪更小的孩子都没有迟到……一想到会给人留下坏印象，妈妈的火气就上来了。

而且，自己明明为了赶时间都急成那样了，自家孩子却是一派悠闲的状态，这更让妈妈生气。孩子的行为会让妈妈的愤怒指数大幅增加。

因此，当感觉到生气时，首先要问问自己：“为什么要生气？”“现在内心是什么感觉？生气、着急还是丢脸？”……

就像我前面的例子中所言，即便孩子是最后一个到位的，应该也不会是迟到 30 分钟到 1 个小时那么久。只是在上学不迟到的前提下，稍微晚了那么一会儿。

所以，妈妈先不要生气，建议多去提醒孩子：“马上就 7 点 20 分了哦（说出具体的时间）。你都准备好了吗？”

不应该是由妈妈，而是由其他孩子说出“你迟到了”这样的话。如果所有的事情都是妈妈一个人做，很容易就怒火攻心。如果像后者那样，妈妈本身过分苛求时间的话，那妈妈的工作量也太大了。为了避免自己太忙而迁怒到孩子身上，妈妈们可以请别人暂为照看孩子或者提前把家务活做好，不要勉强自己做一些做不到的事情。

如果妈妈发觉到自己又暴躁了，**记得要向孩子道歉**，像是“妈妈把话说重了，对不起”之类。这样孩子也会明白家长也不是完人，做错事情的时候，也要向别人道歉。

比起等孩子犯错了再让他学着道歉，不如家长先以身作则，让孩子具备这样的意识。

自己不想被父母说教的话反倒拿来训斥孩子

我在做育儿咨询的时候，经常听到妈妈们说起以下的烦恼。

我们总是在意别人说过的话。特别是小时候自己最亲近的人说过的话，会一直停留在脑海里，所以经常会下意识地说出那些我们听惯了的词语。一旦说出令自己难过的话，就会自然地回忆起当时的场面，所以妈妈们事后都会后悔："本来不想对孩子说那样的话呀。"

恐怕在年少时，自己的妈妈就曾经说过一些不谨慎的话吧。比起现在去怨恨他们，不如去尝试做一个更好的妈妈。

我觉得育儿背后有很多超越了育儿的理念。

在育儿过程中，免不了会对孩子做出一些自己都讨厌的事情，说一些自己都不喜欢的话。但我认为，**即便只有一点点也好，还是要传递给下一代的。**

完全没必要成为完美的妈妈，有点废柴也 OK。

只是，你需要把那些从自己父母那里继承来的、令自己不愉快的做法和说法，稍微改变那么一点点，再传给下一代。

等自己的孩子也有了孩子之后，她在育儿的过程中也会受到你的影响。

假设你现在有两个孩子，等他们长大后也各自养育了两个孩子，那么这个世界上会有四个孩子受到了你的影响。

你不必将自己小时候遭受的那种讨厌的育儿方式完全改头换面，只要能将它传承下去并做局部的修正，就已经很了不起了。

育儿就是将你现在所过的人生进行一次升级。这样，你的下一代也会过上升级版的人生。

妈妈圈对自己进行了尖锐的批评

妈妈圈里都是以孩子为媒介认识的人。只要自己的孩子跟同龄的孩子们在一起玩耍，就会经常接触到这些孩子的妈妈。如果相处融洽的话，可能会跟这些人形成一种“战友”似的亲密关系。但是，她们也仅仅是你通过孩子结识的人，并不意味着彼此的价值观也相同。如果没有孩子，很可能她们就是那些你一辈子都不会交往的人，跟你的气场完全不合。这也是妈妈们会在意的事情。

我认为，妈妈圈里真正能与你心灵相通的人最多占到5%。所以，**大可不必过于重视与她们的关系，非要勉强自己融入其中。**

跟妈妈圈保持一种类似和邻居或者亲戚之间的、稍稍有些距离感的关系就好。如果合眼缘就多问候，没有必要跟人家细谈自己人生中的种种烦恼。

育儿会让你学着经营恰当的人际关系。

妈妈缺乏自信

这也是我在育儿咨询中经常会遇到的问题。

育儿就是一个边教育孩子边回顾自身的过程。我认为育儿中的妈妈，她的自我肯定感总是偏低。因为她是以孩子为中心生活的，而孩子的教育并不是只要付出努力就能有成效。反倒是那些总是自信满满的人，才让人觉得不靠谱。

再者，**不管到了多大岁数，都能够提升自我肯定感**。否则的话，在接受咨询之后她们的变化也不会那么大。即便是长大成人，只要有人肯定自己，那不管在什么时候人都是会有变化的。

如果某些妈妈因为没有自信而深感痛苦，我建议最好去找与自己谈得来的咨询师多聊聊。

独身的时候，只是同合得来的人交往；等有了孩子，就自然会与其他的妈妈和自己的父母加深联系。

不过，这些人并不是任何时候都会认可你的。

如果能找到包容你的缺点、还无时无刻不支持你的人，那确实是一大幸事。

妈妈心情愉快的话，孩子也会受到感染，拥有一个好心情。想要培养出内心坚韧、处事踏实的孩子，妈妈首先得定下心来。如果妈妈整天无精打采，她的孩子脸上八成也见不到笑容。

在育儿的过程中，不可能总像料想的那样一帆风顺。**越是这种时候，妈妈越要保持积极的心态，这才是最重要的事情**。育儿的确是一门深奥的学问啊。

后记

育儿是一件大事。是一项不知道什么时候可以结束，将会持续很长时间的大工程。如果有两个孩子那就是两项工程，如果有三个孩子那就是三项工程——而且它们是在同时进行中。而且，这项棘手的大工程，还被全权交给了一名毫无经验的新人。

工程的对象就是还未长大的孩子。说起来顶一个人，但实际上却总给人添乱，连半个人都顶不上，所以总让人手忙脚乱，进退不得。

在这项工程中所承受的压力有两种：一是来源于大灾大难或者配偶的死亡造成的巨大冲击，让压力在瞬间激增；二是在每天的育儿过程中都会产生的紧迫感。

前一种压力的原因自己就很清楚，后一种则是慢性的，让自己疲惫不堪。因为对孩子的关注一刻都不能松懈，神经整天保持紧绷的状态，压力就由此产生。

长期生活在这种压力之中，人的身体为了自保，就只好降低内心的“耗电量”。

本来计划要陪孩子好好玩耍的，本打算抱抱他背背他，还想着他做对了事情要好好地鼓励一番……但是由于人的“自保”行为，这些念头都渐渐消失了，只保留最低的限度与孩子互动。

这种时候可以说妈妈自己的心灵储蓄正在减少。这种事情在任何人的身上都会发生，千万不要责怪自己。正因为如此，育儿才如此辛苦。

妈妈负责给孩子加油鼓劲，但谁又来给妈妈加油鼓劲呢？

很遗憾，你的孩子做不到。他们总以为妈妈是“超人”。既然孩子靠不住，那就只好去拜托其他人。

我认为，为了让育儿这项大工程能够顺利地完成，妈妈需要改变自己的一些固有看法。

应该向包括自己丈夫在内的周围其他人寻求帮助。这么大的工程光想着自己来扛的话，会逐渐力不从心，压力顿生。

如果妈妈身上积攒了太多压力，就容易向跟自己最亲近的孩子发火。身为母亲，如果自己的内心不安，孩子也容易哭泣。只有自己内心强大了，孩子才会感到踏实。也就是说，想成为一个能好好宠爱孩子的妈妈，自己也要得到周围人的宠爱才行。

这个支持你的对象，不单有丈夫、父母，还包括那些能轻松倾诉烦恼的人、放心托付孩子的人，甚至是一个能带孩子进去的休闲场所。能帮到妈妈的人是越多越好。这点我在本书中也提到过。既要有免费的，也要有那种可备不时之需的收费措施。养孩子有些钱是必须花的，毕竟你从事的这项事业是如此巨大，而且没有重新再来的机会。

“求人帮忙”到底是怎么一回事呢？

可能有的人认为这会显得自己靠不住，什么都做不好。

有些不擅长求人的妈妈，或者没有从自己父母那里得到足够宠爱的人，会对这种做法产生抵触感。自己这辈子都没怎么让人好好宠爱过，一旦自己的孩子过来撒娇，有些妈妈就觉得不好应付。甚至觉得孩子撒娇这件事本身就不对，容易惯坏他。

在我的电话咨询中经常有人说“丈夫不肯帮忙”、“与父母不和，没法求他们”，等等。在这种情况下，妈妈不应该提出一些对方会觉得为难的要求，而是具体详细地交代给他们一些力所能及的事情。

那些事情由你来做肯定更快些，更加得心应手。即便如此，也要试着让周围的人帮你分担。

我现在有一个上大学的女儿和一个上高中的儿子。我也和大家一样一边怀着困惑和苦恼，一边把孩子抚养长大。

在育儿过程中的确是经常碰壁。但是，越是遇到困难，我就越能积累经验，从而帮助更多的妈妈解决她们的问题。算是自卖自夸吧，我在咨询电话中从来不谈什么深刻的理论，而是简单明了地告诉忙碌的妈妈们，从今天开始具体怎样做才好。托了育儿的福，我也有了成长和进步。

阐述该如何宠爱孩子的方法就到此为止了。

有很多接受过电话咨询的妈妈们，她们的孩子都发生了可喜的变化，也包括我的孩子在内。这些就是我写作本书的事实依据。

正因如此，我才能充满自信地完成这本书。在此我要向那些接受过我指导的妈妈们致以衷心的感谢。

我还要向一直支持我的丈夫和两个孩子说声谢谢。

此外，多亏了PHP研究所各位编辑的努力，这本书才能顺利出版。真是非常感谢。

如果这本书能多帮助到一位妈妈，那就是我的荣幸。

东千裕

2013年10月

版权登记号：01-2014-8458
图书在版编目（CIP）数据
什么时候能宠孩子，什么时候不能宠 /（日）东千裕著；杨林蔚译. —北京：现代出版社，2016.4
ISBN 978-7-5143-4201-7

Ⅰ.①什… Ⅱ.①东… ②杨… Ⅲ.①幼儿教育—家庭教育—通俗读物 Ⅳ.①G78-49
中国版图书馆CIP数据核发字（2016）第058761号

什么时候宠孩子，什么时候不能宠

作　　者	［日］东千裕
译　　者	杨林蔚
责任编辑	曾雪梅
出版发行	现代出版社
通讯地址	北京市安定门外安华里504号
邮政编码	100011
电　　话	010-64267325　64245264（传真）
网　　址	www.1980xd.com
电子邮箱	xiandai@vip.sina.com
印　　刷	三河市宏盛印务有限公司
开　　本	880mm × 1230mm　1/32
印　　张	6
版　　次	2016年4月第1版　2018年6月第4次印刷
书　　号	ISBN 978-7-5143-4201-7
定　　价	28.00元